Michael Lefflad

Regesten der Bischöfe von Eichstätt

von 1229 - 1297

Michael Lefflad

Regesten der Bischöfe von Eichstätt
von 1229 - 1297

ISBN/EAN: 9783741164392

Hergestellt in Europa, USA, Kanada, Australien, Japan

Cover: Foto ©Lupo / pixelio.de

Manufactured and distributed by brebook publishing software
(www.brebook.com)

Michael Lefflad

Regesten der Bischöfe von Eichstätt

REGESTEN

der

BISCHÖFE VON EICHSTÄTT.

———

Herausgegeben

von

Professor Michael Lefflad.

———

Zweite Abtheilung.

Von 1229—1297.

Programm des bischöflichen Lyceums.

Eichstätt, 1874.

Druck von Karl Brönner.

XXX. Heinrich II von Tischingen 1228—1232?

Konrad von Kastel, der von 1243 bis 1255 kontinuationen zum pontificalbuch Gundekar's II schrieb (vergl. Pertz, Scriptor. VII, 240, 252), also bis in die zeit Heinrich's II
von Tischingen hinaufreicht, hat über diesen bischof ausser dem namen nichts mitgetheilt:
„Illo vero (scil. Heinrico I de Zeuppelingen) mortuo successit Heinricus episcopus dictus
de Tischingen" (Pertz VII, 252).

Thomas, der um das jahr 1305 beeidigter notar der bischöfe Konrad II u. Johann I
gewesen (Pertz VII, 241) und noch 1324 einträge in das pontifikale Gundekar's machte
(Pertz VII 250), hat die angabe, Heinrich II sei 4 jahre 9 monate (annos quinque minus
tribus mensibus) der diöcese vorgestanden und am 30 juni 1234 gestorben (Pertz VII, 251
und Suttner, Vitae pontificum Eystettensium ex pontificali Gundecariano descriptae, gedr.
als beilage zum Eichstätter pastoralblatt von 1867 pag. 3). Sein regierungsantritt müsste
demnach in den september 1229 fallen, was aber zu spät ist, wie nr. 430 dieser regesten
darthut.

Mit geringer abweichung vom pontifikale Gundekar's sagt das Knebl'sche manuscript
im Eichstätter ordinariatsarchiv: „Henricus II de Tischingen laudabiliter regnavit annis
quinque; obiit pridie calend. julii ann. 1234.

Heusler citirt in seiner sammlung aus einem Rebdorfer manuscript (manusc. nr. 11)
die stelle: „Haynricus ward von dem capitel erwelt, der was gar ein vernünftiger weyser
her und vast reych für sich selber; alles lob, das man aynem geschykten vnd frummen by-
schof zwlegen mag, das was er wol wyrdig vnd wert. Er regieret das bysthumb 5 jar
zwen monat vnd starb als man zalt von der geburt Christi vnsers herrn mccxxxiiij jar
an dem dryten tag opstmonatz."

Eine andere notiz bei Heusler sagt: „Henricus der 30te bischof hat die huldigung
eingenohmen ann. 1229, starb 1234 den 21 juni, hat regiert 5 jahr 3 monat."

Allein Heinrich III von Ravensburg, Heinrich's II von Tischingen unmittelbarer
nachfolger, fügt in einer urkunde vom 17 mai 1235 die nota chronologica bei: „Pontificatus nostri anno tertio" (vid. nr. 453 dieser regesten). Nimmt man nun an, circa 17 mai
1235 sei das dritte regierungsjahr Heinrich's des Ravensburgers zu Ende gegangen, so
wurde derselbe schon im mai 1232 bischof von Eichstätt und Heinrich von Tischingen
war schon damals todt. Nimmt man dagegen an, circ. 17 mai 1235 beginne erst dieses dritte
regierungsjahr, so wurde der Ravensburger im mai 1233 gewählt und Heinrich von Tischingen kann wenigstens um diese zeit nicht mehr am leben gewesen sein.

Sollte das Gundekarische pontifikale wenigstens Heinrich's II todestag (30 juni)
richtig verzeichnet haben, so würde sich aus der urkunde vom 17 mai 1235 von selbst das
jahr 1232 als todesjahr ergeben.

Gegen das jahr 1234 spricht auch eine urkunde, deren verfasser der Eichstätter
kanonikus Engelbert ist. Dieselbe stammt vielleicht schon aus dem herbste 1232, kann
aber in keinem falle später als im oktober 1233 ausgestellt worden sein und redet von
einem dominus Electus Eistetensis (vid. nr. 458 dieser regesten). Stand nun Eichstätt damals unter einem bischof, der bloss Electus genannt wird, so kann das nicht mehr Heinrich
von Tischingen gewesen sein.

1

Die zeit des bischofs Heinrich erlangte hohe bedeutung durch fünf reichsgesetze über die macht der deutschen territorialherrn im allgemeinen und der geistlichen fürsten im besonderen und zwar:

1) durch ein statut des römischen königs Heinrich VII, erlassen zu Worms am 1 mai 1231 in favorem principum tam ecclesiasticorum quam mundanorum. — Pertz leges II, 292. Mon. boic. XXXI. I, 171. Böhmer, Regesten Heinrich's VII nr. 235.

2) durch einen rechtsspruch desselben königs von gleichem datum mit obigem statut, laut dessen jedem bischof und reichsfürsten das befestigungsrecht zuerkannt wurde. — Pertz, Leges II, 282. Mon. boic. XXXI. I, 548. Böhmer, Regesten Heinrich's VII nr. 236.

3) durch einen zweiten rechtsspruch Heinrich's VII, ebenfalls vom 1 mai 1231, dass die fürsten verordnungen und neue rechte nicht machen können ohne vorgängige zustimmung der grösseren und besseren des landes (landstände). — Pertz, leg. II, 283. Böhmer, Regesten Heinrich's VII nr. 237.

4) durch eine umfassende verordnung des kaisers Friedrich II gegen die autonomie der bischöflichen städte. Dieselbe wurde vom dezember 1231 bis zum mai 1232 den verschiedenen diözesen von verschiedenen orten aus zugestellt. — Pertz, Leg. II, 286. Mon. boic. XXXI. I, 550. Böhmer, Regesten Friedrich's II nr. 699. Die anfertigung für Eichstätt findet sich nicht mehr vor.

5) durch eine entschliessung Friedrich's II, wodurch derselbe die concessionen seines sohnes Heinrich VII für die fürsten vom 1 mai 1231 bestätigt. Diese verordnung wurde vom märz bis mai 1232 an verschiedenen orten für die einzelnen territorien ausgefertigt. — Pertz, leges II, 291. Mon. boic. XXXI. I, 193. Böhmer, Regesta regum atque imperatorum pag. 182.

1229 Juni 15	. . . . .	Bischof Heinrich von Eichstätt bestätigt dem Konrad genannt Helmhowe von Widenbach die lehen, die derselbe schon unter den früheren bischöfen von der kirche Eystet innegehabt, als nämlich die Gerhilde- und die Divndewiese, ein kleines gut im markt Arenbur (Ornbau) und bei Widenbach ein häuschen im gottesacker (curtile in coemiterio). Zeugen: H. praepositus pinquen.(?) Et archidiaconus Eystett. Magister Fridericus de Berhardeshusen, Albertus de Schumbach, canonici. Conradus notarius. H. minister de Arberch et alii quam plures. Acta sunt haec anno Domini 1229 XV kal. julii indictione II, pontificatus anno primo. — Falkenstein, Cod. dipl. Eystett. pag. 43 n. 83. Popp, Cod. Monac. pag. 106 (correkturen zu Falkenstein). [430]
Juli 8	. . . . .	bewilligt den angehörigen seines sprengels 30 tage ablass, wenn sie zum umbau der bisherigen hölzernen brücke bei Donauwörth in eine steinerne durch beiträge oder handarbeit mitwirken würden. Dat. 8 idus jul. Pontificat. anno primo. — Originalpergament im fürstl. archiv zu Wallerstein (das siegel fehlt). Vergl. Königsdorfer, Gesch. des klosters zum heil. kreuz in Donauwörth I, 77. [431] Schon 1220 aug. 3 hatte kaiser Barbarossa zu ähnlichem beiträgen aufgefordert. Mon. boic. XVI, 84.
1230 eine die	. . . . .	bestätigt dem kloster zum heil. Kreuz in Donauwörth das patronat der pfarrei Mündling, welches demselben durch kaiser Friedrich II und dessen sohn könig Heinrich VII geschenkt worden war. — Königsdorfer, Gesch. des klosters zum heil. Kreuz I, 78 nach den urkunden dieses stiftes, aber ohne angabe von ort und tag. [432] Die schenkung Heinrich's VII ist von 1226 april 9 u. in Donauwörth ausgestellt. — Königsdorfer loc. cit. und Monum. boic. XVI, 84.
1231 Juni 10	(Rieti)	Papst Gregor IX bestätigt die schenkung der kirche Gungolting durch den bischof von Eichstätt (Heinrich II?) an sein domkapitol. Dat. Rieti IV idus jun. anno pontificatus sui V. — Popp, Cod. Monacensis pag. 431. Urkundenextrakt im Pergamentdiplomatar des Eichstätter domkapitels pag. 2a.
Sept.	Scheyern	Bischof Heinrich von Eichstätt feiert mit fünf anderen bischöfen und mehreren äbten die

exequien für den sept. 16 dieses jahres ermordeten herzog Ludwig den Keldheimer von Bayern. — Collectanea historie. des abtes Angelus von Farmbach in Monum. boic. XVI, 563. Arnpeckius, Chronic. Baivariae lib. V cap. 17. Hübner, Merkwürdigkeiten

1231 | von Ingolstadt pag. 16. [434]
sine die . . . . . | bestätigt den tausch, vermöge dessen im jahre 1248 der propst C. von Soulenhoven den zehent auf den gütern des klosters Ahusen in Alrcheim (woselbst das kloster Solenhofen die kirche erbaut hatte, vid. Stieber, Onolzbach pag. 183) an den abt Kunrad von Kaisheim überlassen, dafür aber von Knisheim einen hof in Scratenhofen erhalten hatte. — Lang, Reg. boic. II. 178. [435]
sine die . . . . . | überlässt dem kloster Kaisheim die kirche in Egweil. Acta indictione IV. — Lang, Reg. boic. II, 202. [436]
1232 | Vergl. oben nr. 382 dieser regesten: 1219 jan. 15.
März 7 (Rieti) | des bischofs Heinrich II und seines domkapitels überlassung des kirchensatzes in Mündling an das kloster zum heil. Kreuz in Donauwörth (vergl. nr. 432 dieser regesten) wird durch papst Gregor IX bestätigt. — Stein, Cod. dipl. I, 54. Mouum. boic. XVI, 22. Königsdorfer, Gesch. des klosters zum heil. Kreuz, I, 78. [437]
Papst Alexander IV erneut die confirmation seines vorgängers Gregor IX durch bulle dd. Lateran 1257 mal 2. — Monum. boic. XVI, 22. Königsdorfer loc. cit.
1232? |
Juni 30 Eichstätt | Todestag des bischofs Heinrich II.

XXXI. Heinrich III von Ravensburg 1233?—1237.

Konrad von Kastel sagt in einer von seinen aufzeichnungen, Heinrich III und seine drei nächsten vorgänger hätten mit einander 13 jahre regiert und diese 13 jahre hätten 1224 ihren anfang genommen: „Hertwicus 1224 obiit, Hertwico vero mortuo eodem anno successit Fridericus, cui successit (1225) Heinricus de Zeuppelingen. Illo vero mortuo . . . successit Heinricus episcopus dictus de Tischingen. Eo vero mortuo . . . successit Heinricus episcopus dictus de Rabenspurc. Hi vero quatuor episcopi post mortem Hertwici praenotati vixerunt . . . tredecim annis" (Pertz, Scriptor. VII, 252). Demnach wäre Heinrich III im jahre 1237 gestorben.

An einer andern stelle gibt Konrad an, bischof Hartwig sei schon 1223 gestorben (Pertz, Script. VII, 250). Wurde nun Friedrich I schon 1223 gewählt, so enden die erwähnten dreizehn jahre ann. 1236 und Heinrich III wäre also 1236 gestorben.

Thomae sagt kurz und bestimmt: „Heinricus episcopus dictus de Rabenspurch sedit annos tres; mccxxxvii obiit 3 kal. jul." (29. juni. vid. Pertz, VII, 251). Ganz das gleiche berichtet Heusler in seiner sammlung aus einem Rebdorfer manuscript. Heinrich's III regierungsanfang fiele demnach in das jahr 1234. Vergleiche aber oben unter Heinrich II.

Begraben soll Heinrich sein, wie Heusler angibt, in der St. Johanneskapelle der domkirche vor dem hochaltar (jetzt pfarrsakristei).

Von klösterlichen instituten wird unter Heinrich III im jahre 1235 Thannbrunn als propstei von Ahausen zum ersten male erwähnt.

1232 |
oder (Anagni) | Engelhard, kanoniker der kirche Elstet, befindet sich als prokurator domini Electi Elste-
1233 | tensis in Anagni (bei papst Gregor IX?) und bestätigt, von Jakob, dem prokurator des erzbischofs Siegfried von Mainz, 44 mark sterlinge erhalten zu haben. Actum Anagniae pontificatus Gregorii noni anno VI (VII). — Lang, Regesta boic. II, 225. [438]
Papst Gregor IX wurde gewählt am 19 märz 1227; sein sechstes regierungsjahr erstreckt sich demnach vom 19 märz 1232 bis 18 märz 1233, sein siebentes vom 19 märz 1233 bis 18 märz 1234.

1*

1233

1233
vor Aug. | **Landshut**

Während dieser zeit war Gregor zweimal in Anagni: 1) vom 11 aug. 1232 bis zum 15 mai 1233; 2) vom 25 juli 1233 bis zum 31 okt. derselben jahres. Vermuthlich kam der kanonikus Engelbert schon im herbst 1232 an den hof des papstes nach Anagni.

Bischof Heinrich von Eichstätt erscheint auf einem hoftag des herzogs Otto II des Erlauchten von Bayern, auf welchem noch zugegen waren der erzbischof Eberhard von Salzburg, dann die bischöfe von Chiemsee, Lavant, Seckau, Freising, Regensburg, Passau, Augsburg, Seben und Bamberg sowie die weltlichen dynasten Bayerns. — Aventin, Annal. boic. lib. VII (hier die namen der bischöfe). Adlzreitter, Annal. gentis boic. part. I lib. XXIV. Hansiz, Germ. sacra II, 334. Meichelbeck, Histor. Frising. II, 12. Bühmer, Wittelsbachische regesten pag. 16. Chronica Augustana (Annal. Ss. Udalrici et Afrae) bei Freher, Scriptor. rer. Germ. I, 522, und Pertz, Script. XVII. Chronic. Salisburg. ad ann. 1233. Hermannus Altahensis.   [439]

Einberufen wurde dieser kreistag von Otto dem Erlauchten unmittelbar ad idus jan. 1232 (Aventin. loc. cit.), dann auf den 23 jan. 1233 (Buchner, Gesch. von Bayern V, 50), jedesmal nach Regensburg. Aber könig Heinrich VII hatte in beiden fällen den zusammentritt zur bestimmten zeit und im festgesetzten orte verhindert.

Die wirkliche abhaltung in Landshut fällt vor dem august 1233; denn sie ging dem kriege zwischen könig Heinrich VII und dem bayernherzog Otto II voraus, dieser krieg aber wurde im august geführt. Tolner, Histor. palatina cap. XVIII verlegt den fraglichen kreistag in das jahr 1232; Falkenstein, Gesch. des herzogthums Bayern III, 52 auf Epiphanie 1232. Vergl. auch Hofmann, Annal. Bamberg. ad ann. 1233. Für dies letztere jahr könnte der umstand sprechen, dass erzbischof Eberhard von Salzburg unmittelbar nach abschluss des landtags mit herzog Otto II nach Augsburg zu könig Heinrich VII ging (Aventin, Tolner u. Meichelbeck loc. cit.), und könig Heinrich wohl im jahre 1232 (am 17 märz) in Augsburg anwesend war, nie aber, so viel man weiss, im jahre 1233.

Freyberg, Gesch. der bayerischen landstände I, 112 nimmt zwei landtage in Landshut an, einen im jahre 1232 und einen im jahre 1233, dagegen übergeht er den Regensburger landtag vom herbst 1233 (nr. 440 dieser regesten).

nach Aug. | **Regensburg**

besucht sammt den nr. 439 dieser regesten genannten bischöfen und den weltlichen herrn des herzogthums Bayern einen landtag Otto's II des Erlauchten. — Chronicon Salisburg. ad ann. 1233. Hermannus Altahensis. Aventin, Annal. boic. lib. VII (praecato fuere Bojorum dynastae atque omnes Bojoariae pontifices, quos supra enumeravi, vid. nr. 439 dieser regesten). Adlzreitter, Annal. boicae gent. part. I libr. XXIV. Tolner, Historia palat. cap. XVIII. Parcus, Hist. bavarico-palatina pag. 66. Buchner, Gesch. von Bayern V, 61. Bühmer, Wittelsbachische regesten pag. 16.   [440]

eine die | **. . . . .**

übergibt mit zustimmung seines kapitels das patronat an der kirche zu Winsvelt dem kloster daselbst und zwar auf verlangen des Friedrich von Truhendingen, welchem bis dahin jenes recht zugestanden. Act. 1233 indict. IX. — Originalpergament im fürstl. archiv zu Wallerstein. Das siegel des bischofs ist ziemlich erhalten, das des kapitels sehr defekt.   [441]

1234
Jan. 29 | **(Nürnberg)**

Erzbischof Siegfried von Mainz bestätigt den beschluss des Eichstätter bischofs Heinrich und seines domkapitels, die zahl der domkanonikate, da eine präbende die summe von 3 mark nicht übersteigt, von 50 auf 30 herabzusetzen und niemanden mehr ausser auf eine erledigte pfründe aufzunehmen. Dat. apud Nuerinberg 1234 IV kal. febr. pontificatus nostri anno IV (IX). — Pergamentdiplomatar des Eichst. domkapit. pag. 20. Popp, Diplomatar des Eichstätter domkapit.   [442]

Dieser gleiche beschluss wird confirmirt:

a) vom papst Gregor IX: Perusii XV kal. febr. anno pontificat. VIII (1235 jan. 18). — Popp, Cod. Monac. pag. 431 nach einem Eichstätter copialbuch im Münchner reichsarchiv.

b) vom papst Innocenz III: Lyon VII kal. augusti anno pontificat. III (1245 jul. 26). — Pergamentdiplomatar des Eichst. domkapitels pag. 2a. Müdl, Cod. dipl. Eystett. Vergl. Popp, Cod. Munac. pag. 432.

Febr. 6 | **Frankfurt**

Bischof Heinrich von Eichstätt wohnt einem hoftage in Frankfurt bei und erscheint als zeuge in einer urkunde des königs Heinrich VII, wodurch derselbe kundgibt, dass

		sein dienstmann Giselbert von Eschborn und dessen ehefrau Kunigund mit seiner genehmigung einen hof in Herlisheim dem kloster Arnburg geschenkt habe. Acta in sollempni curia Frankenvort 1234 non. febr. indict. VII. — Baur, Urkundenbuch des klosters Arnsburg p. 14. Böhmer, Acta imperii selecta pag. 287 nr. 332 und Regesten Heinrich's VII nr. 314. [443]
1234 Febr. 6	Frankfurt	unterzeichnet als zeuge eine urkunde des königs Heinrich VII, wodurch derselbe nach dem vorbild seines vaters dem kloster Pforta in der Naumburger diöcese gestattet, reichslehenbare güter zu erwerben. — Original in Dresden. Böhmer, Regesten Heinrichs's VII nr. 315. [444]

Gretser (Historie. catalog. omnium episcop. Eyst.), Heisler (Templum virtutis et honoris divi Willibaldi splendore illustratum et praeeulum Eyst. exornat.), Falkenstein (Antiquitat. Nordgav.), Popp (Anfang und verbreitung des christenthums im südlichen Teutschlande) und Sax (Gesch. des hochstifts und der stadt Eichstädt) beginnen die regierung des bischofs Heinrich III erst mit dem juli 1234.

Aug. 30	Nürnberg	Bischof Heinrich von Eichstätt erscheint als zeuge in einer urkunde des königs Heinrich VII, in welcher derselbe dem propste des klosters heil. Kreuz in Augsburg ein privileg des königs Philipp dd. 1200 nov. 28 erneut. Act. 1234 III kal. sept. indict. VII dat. apud Nuoerinberg. Mon. boie. XXX. I, 215. [445]
" "	" "	desgleichen in einer urkunde desselben königs, durch welche derselbe drei bei Nürnberg gelegene und ihm von dem burggrafen Konrad abgetretene mühlen den Deutschordensbrüdern schenkt. Dat. apud Nuerinberg anno dominicae incarnationis 1234 III kal. sept. indict. VII. — Mon. boie. XXX. I, 216. Stillfried, Mon. Zollerinn. I pag. 38 nr. 166. Böhmer, Regesten Heinrich's VII nr. 350. Lang, Reg. boic. IV, 744. [446]
Sept. 21	Ingolstadt	weiht auf bitten des abtes Dietmar von Altaich und des magisters Hugo, domherrn in Regensburg und damals pfarrers in Ingolstadt, die kirche zu Ingolstadt zu ehren Christi, Marieus und der thebaischen legion, nämlich des heil. Mauritius und seiner genossen. 1231 XI kal. oct. — Sammlung von Ingolstädter urkunden im german. museum zu Nürnberg, urkundenbuch XVIII a. Mon. boic. XI, 28. Notae Altahens. bei Pertz, Scriptor. XVII, 422. Lechner, Altahae inferioris memoria pag. 86. Moderer, Gesch. des königl. maierhofes Ingolstat pag. 20. Hübner, Merkwürdigkeiten der kurbaier. hauptstadt Ingolstadt heft I pag. 36. [447]
Nov. 0	. . . . .	geht mit dem erzbischof von Mainz und dem markgrafen von Baden zu kaiser Friedrich II nach Italien, als sich die verrätherischen absichten des römischen königs Heinrich VII zu enthüllen begunnen. — Confr. Böhmer, Regesten Friedrich's II pag. 161. [448]
" "	Foggia	unterzeichnet als zeuge eine urkunde des kaisers Friedrich II, wodurch derselbe auf betrieb des erzbischofs Siegfried von Mainz das grosse privilegium erneut, das er am 26 april 1220 den geistlichen fürsten verliehen. Act. 1234 mense novembris indict. VIII, dat. Foggia. — Würdtwein, Subsid. dipl. IV, 400. Guden, Cod. dipl. I, 473. Falkenstein, Cod. dipl. Eystett. pag. 61 nr. 61. Böhmer, Regesten Friedrich's II nr. 783. [449]
		Eine weitere bestätigung ertheilt kaiser Rudolph I am 13 märz 1275. — Die urkunde vom 26 april 1220 ist wortgetreu in die vom november 1234, die vom november 1234 wortgetreu in die vom 13 märz 1275 aufgenommen.
" "	" "	ist am hofe des kaisers, als derselbe folgenden rechtsspruch verkündet: „1. dass kein bischof Deutschlands von den regalien, die er vom reiche hat, einem dritten etwas zu leben geben dürfe ohne königliche erlaubniss, und dass kein vogt von den bürgern der cathedralstadt abgaben erheben dürfe; 2. dass kein graf oder vogt gerichtsbarkeit sich anmassen dürfe über vorgänge binnen der kirchlichen immunität, wo sie nur dem geistlichen richter zustcht, und dass keine kirche auf demselben gut mehrere vögte haben könne; 3. dass kein vogt von den amtleuten des bischofs und der familie der

kirche abgaben erheben oder über sie gerichtsbarkeit ausüben dürfe; 4. dass jeder bischof einen weltlichen richter in seinen städten, märkten und dörfern haben solle, der namens seiner richte und zwei theile der bussen für den bischof empfange, während der dritte dem vogt gebühre." Alle diese punkte werden sodann auf persönlichen bericht des bischofs Heinrich über erlittene verletzungen zu gunsten der kirche Eichstätt ganz speciell zur darnachachtung empfohlen. — Böhmer, Regesten Friedrich's II nr. 764. Pertz, Leges II, 304. Mon. boic. XXX. I, 227. Popp, Cod. Monac. pag. 6. [450]

erlangt von kaiser Friedrich II die erneuerung eines seiner kirche durch könig Philipp am 14 sept. 1199 ausgestellten privilegiums und die zusicherung königlichen schutzes für alle seine besitzungen. Act. 1234 mense novembris indict. VIII, dat. apud Fogiam. — Mon. boic. XXX. I, 560. Popp, Cod. Monac. pag. 8. Böhmer, Regesten Friedrich's II nr. 785. [451]

Papst Gregor IX erlässt mehrere verordnungen gegen ärgernisserregende vorkommnisse in Eichstätt. — Regesten Gregor's IX im vatikanischen archiv, jahr VIII nr. 403, 435, 438 und 440. [452]

Bischof Heinrich von Eistet feiert am feste Christi himmelfahrt in der pfarrkirche zu Abusen die heil. messe, verkündet dem dortigen abte Sifried und dessen convent, dass papst Gregor IX ihnen die genannte pfarrkirche sammt dem patronatsrechte übertragen habe und gibt als der bisherige lunchaber des kirchensatzes seine einwilligung dazu. Zeugen: Dimar custos, Ulrich von Dornhusen, beide kanoniker in Eistet. Albert, dechant von Neumünster in Würzburg, Heinrich notar des bischofs, beide kanoniker in Herriden. Laien: Mernward genannt von Muere, Heinrich von Flugelingen, Reimboto von Witenzheim, bischöfliche ministerialen. Dat. anno Domini 1235 XVI kal. junii, pontificatus anno III. — Pergamentoriginal im königl. reichsarchiv zu München, Kloster Abusen a. d. Wörnitz. Vergl. Popp, Cod. Monac. pag. 376. Lang, Reg. boic. II, 211. [453]

wohnt dem feierlichen von kaiser Friedrich II nach der gefangensetzung seines sohnes des königs Heinrich VII zur wiederherstellung der ordnung in Deutschland am feste Mariä himmelfahrt (15 aug.) eröffneten reichstag bei, auf welchem unter den dreizehn kapiteln: „Ueber beobachtung geistlicher urtheilssprüche, über kastenvögte, truggen, gerichte, verbot der selbsthilfe, zölle, münzen, geleit, pfahlbürger, pfündung, söhne die sich an ihren vätern vergehen und deren helfer, ächtungen, geächtete, kauf geraubten gutes und hofrichter" verschiedene bestimmungen als grosses reichsgesetz verkündet; dann die Stadt Braunschweig und die veste Lüneburg sammt zugehör für Otto von Lüneburg zu einem neuen herzogtbum erhoben werden. Bischof Heinrich ist zeuge in der (am 21 august) über Braunschweig errichteten urkunde. — Pertz, Leges II, 313 u. 318. Meibom, Scriptor. III, 206. Senaten, Annal. Paderborn. II, 25. (Scheidt), Origin. Guelf. IV, 49. Mader, Antiquit. Brunswicens. in Harenberg, Histor. Gandersh. pag. 373 u. 1352. Sagittarius, Histor. ducatus Magdeburg. in Boysen, Allgem. histor. Magazin pag. 141. Rechtmeyer, Braunschw. Chron. pag. 473. Lucas, Fürstensaal pag. 396. Böhmer, Regesten Friedrich's II nr. 801 u. 802. [454]

bestätigt auf ansuchen des abtes Sifrid von Abusen und des Gotfrid von Arinsperg eine urkunde Heinrich's, die früheren abtes von Abusen, d. d. 1221 aug. 1, betreffend die vogteirechte über güter in Tumbrunnen (Dambrunn), welche Berthold von Tumbrunnen einst der kirche Abusen überlassen hatte. — Lang, Reg. boic. II, 249 conf. II, 121 [455]

Die durch bischof Heinrich bewirkte regelung der beziehungen zwischen dem kloster Abusen und dessen vogt in Tumbrnn bestätigt kaiser Ludwig der Bayer: München 1330 sept. 23. — Freyberg, Reg. boic. VI, 345. Böhmer, Reg. Ludovici Bavar. p. 75 nr. 1219.

hat seinem domkapitel, welches schon zuvor das patronat zu der Frauenkirche (pfarrkirche) zu Eistet besessen, diese kirche gänzlich incorporirt, was papst Gregor unter

---

Left margin dates:

1234
Nov. 0 | Foggia

1234 oder
1235 | .....

1235
Mai 17 | Abausen

Aug. 21 | Mainz

eine die | Pfünz

1236
Febr. 5 | (Viterbo)

		neben verzeichnetem datum bestätigt. Dat. Viterbi non. febr. pontificatus anno IX. — Popp, Cod. Monac. pag. 431 seq. nach einem Eichstätter copialbuch im reichsarchiv zu München. Vergl. eine datumslose notiz im Pergamentdiplomatar des Eichstätter
1236		domkap. pag. 3a. [456]
Febr. 28	(Viterbo)	hat seinem domkapitel wegen der geringen einkünfte desselben die pfarrei Walkirch incorporirt, was papst Gregor IX salva portione congrua vicarii perpetui bestätigt. Dat. Viterbi III kal. mart. anno pontificatus IX. — Pergamentdiplomatar des Eichstätter domkap. pag. 1 seq. Müdl, Cod. dipl. Vergl. Popp, Cod. Monac. pag. 431 und Lang, Reg. boic. I¹, 250. [457]
Mai 6	Bamberg	ist mit den bischöfen von Würzburg, Naumburg und Merseburg zur einweihung des münsters in Babenberg zugegen. — Chronic. Erphord. bei Pertz, Scriptor. XVI, 31 und
1237		Böhmer, Fontes rer. germ. II, 383. [458]
Mai 1	(Würzburg)	hat gleicherweise, wie der erzbischof von Mainz und wie die bischöfe von Merseburg und Nuwenburg (Naumburg) laut einer bekanntmachung des bischofs Hermann von Würzburg von neben stehendem datum einen ablass von 40 tagen für alle diejenigen beschlossen, welche zum ausbau der St. Burchardskirche in Wireeburg einen beitrag leisten. — Mon. boic. XXXVII, 275. [459]
		Wieder erwähnt ist dieser ablass in einer neuen aufforderung Hermanns an die äbte, pröpste, dekane und kirchenvorstände in seiner diöcese von 1240 jan. 1 (Mon. boic. XXXVII. 265) sowie in einer ähnlichen aufforderung des Würzburger domkapitels (Mon. boic. XXXVII, 290).
sine die	. . . . .	Einer der ersten drei Heinriche muss dem domkapitel ein gut in Wermersdorf überlassen haben, denn Lang, Regesta boic. II, 271 hat zum jahr 1237 folgenden urkundenauszug: F. decanus totumque capitulum Eistetense feodum in Wermatorf eis a Domino suo II. beatae memoriae episcopo Eistetensi collatum Mathildi de Toulingen conferunt ac donant. [460]
		Begütert war indess das domkapitel in Wermersdorf schon ann. 1186. Vergl. eine bulle des papstes Urban III vom 30 sept. 1186 für das genannte domkapitel, abgedr. im Eichstätter pastoralblatt Bd. VII S. 191b.
Juni 29	Eichstätt	Todestag des bischofs Heinrich III.
		Am 16 aug. 1259 erweist Machtildis von Oberneistel, übtissin des klosters St. Walburg in Eistett, vor dem reichserbmarschall Heinrich als ihrem vogt und richter durch drei eideshelfer in Pappenheim, dass chedem ihrer vorgängerin Kunigund in gegenwart des Eistetter bischofs Friedrich von Gerhartshusen (?) illo die, quo in nomore datz dem Pirbaume morabatur, durch richterliche sentenz das recht auf ein leben bei Dietfurt zugesprochen worden sei. Act. XVII kal. septembris Indict. II. — Lang, Reg. boic. III, 135 (sehr verdächtig). [461]

XXXII. Friedrich II von Parsberg 1237—1246.

Ueber die abstammung dieses bischofs aus dem hause der herrn von Parsberg berichtet sowohl Konrad von Kastel (Pertz VII, 252) als Thomas (Pertz VII, 251). Konrad sagt über ihn einfach: „Fridericus dictus de Parspere obiit 1246"; Thomas legt ihm eine regierung von 9 jahren bei und bestimmt seine todeszeit genauer auf den 28 juni 1246. Regierte er aber 9 jahre, so wurde er 1237 gewählt und zwar, wie sich aus dem zusammenhalt von nr. 468 und 491 dieser regesten ergibt, nicht vor dem 19 juni und nicht nach dem 14 august.

Auch die annal. St. Rudberti verlegen den tod Friedrich's II auf den 28 juni 1246. Dagegen wäre derselbe nach der lateinischen chronik von Kastel bei Moritz, Stammreihe und geschichte der grafen von Sulzbach II, 110 erst 1247 gestorben: „Henricus rex diem

2*

extremum clausit in Domino (1217 febr. 17); rego igitur de medio facto consequenter plures episcopi o vestigio ad mortem sunt secuti, Trevirensis, Coloniensis, Saltzburgensis, Leodiensis, Basiliensis, Argentinensis, Spirensis, Wormatiensis, Fridericus Eystetensis" etc.

Begraben wurde bischof Friedrich nach einem Plankstetter manuscr. im bischöflichen ordinariatsarchiv zu Eichstätt in der St. Johanneskapelle der domkirche ante altare. Vergl. Suttner, Vitae pontific. Eystett. pag. 7 anm. 3.

Thomas und ein unbekannter kontinuator (Jundekar's II (Pertz VII, 251) rühmen an Friedrich seine rechtskenntniss, ein lob, das er mit mehreren seiner vorgänger gemein hat, namentlich mit Gebhard II und Konrad I (Pertz VII, 250).

Während seiner amtsverwaltung entstanden in der diözese folgende klösterliche institute: 1) ann. 1240 das spital des Heiligengeistordens in Neumarkt; 2) ann. 1242 kloster Seligenporten (zisterzienserinen); 3) ann. 1243 Weissenburg (augustinerinen); 4) ann. 1243 Engelthal (augustinerinen); 5) ann. 1245 Stachelberg (zisterzienserinen). Dagegen hat nach Peter, Collect. scriptor. ordin. tom. V part. II pag. 18 das kloster Rebdorf dem bischof von Eichstätt 1239 das schutzrecht gekündigt und sich unmittelbar unter den papst gestellt. Vergl. noch nr. 501 dieser regesten (unter bischof Heinrich IV).

<table>
<tr><td>1237
Dec. 0</td><td>Hagenau</td><td>Auf ansuchen des bischofs Friedrich von Eichstätt verkündet könig Konrad IV den rechtsspruch, dass kein gebannter zu hören sei, wenn er belehnt werden will; denn ein excommunicirter sei zu einer rechtshandlung nicht zulässig. Actum apud Hagenowe mense decembris XI indictionis. — Mon. boic. XXX a, 267. Pertz, Bgg. II, 324. (462)
Lang, Reg. boic. III, 87 setzt diese urkunde irrig in das jahr 1238.</td></tr>
<tr><td>1238
Mai 0</td><td>Pavia</td><td>Bischof Erwicus (Friedrich!) von Eichstätt erscheint als zeuge in einer urkunde des kaisers Friedrich II, in welcher dieser dem grafen Guido von Blandrate das privilegium Otto's IV 1209 sept. 1, die verleihung von Ivrea an das haus Blandrate betreffend, erneut. — Schöttgen und Kreysig, Diplomat. I, 174. Crusius, Annal. Suev. pag. 44. (463)
Böhmer, für welchen Bethmann das original in Turin einsah, hat (Regesten Friedrich's II nr. 939) den Eichstätter bischof nicht unter den zeugen.</td></tr>
<tr><td>1239
Juli 2</td><td>Mainz</td><td>Bischof Friedrich von Eichstätt erscheint auf einer synode in Mainz, welche vom dortigen erzbischof Siegfried III aus veranlassung der einweihung seines neuerbauten doms berufen (Dinterim IV, 375) und auch von könig Konrad IV besucht wurde, und erhebt daselbst klage, die ministerialen seiner diözese und die bürger von Eistät verharrten schon nahezu ein jahr hartnäckig im bann, hätten ihn und die kleriker, die ihm anhingen, auf grausame welse vertrieben, laien zum bischof, propst und dekan gewählt sowie die sakristei der domkirche erbrochen und geplündert. Dabei hätten sich hochgestellte und sehr mächtige personen (magnates et potentiores quidam de terra, etwa die grafen von Hirschberg?) in übler weise betheiligt. Verstorbene, die zur parthei der rebellen gehörten, seien trotz der kirchlichen censuren unter musik und fröhlichem aufzug zu grab gebracht worden. — Annal. Erphord. (Pertz, Script. XVI, 33 und Böhmer, Fontes II, 401). Aus diesen annalen bei Guden, Cod. dipl. I, 555 und Schannat, Vindemiae literariae, collect. I pag. 89. Aus Schannat bei Harzheim, Concil. Germ. III, 568 und Mansi, Concil. XXIII 502 und 511. (164)</td></tr>
</table>

Ueber wird bezogen, was bischof Phillipp (1306 —1322) cap. XXXIV seines von Gretser herausgegebenen buches de divis Eystett. ecclesiae tutelaribus und gleichlautend in seiner vita sanctae Walburgae bei den Bollandisten (febr. tom. III pag. 663) über den fünes der heil. Walburga schreibt: "Ex scriptis etiam collegimus et certa relatione fide dignorum intelleximus, quod civitas Eystetkensis una cum tota dioecesi ecclesiastico interdicto quodam tempore apposita fuerat propter quasdam damnosas injurias, quas episcopus, qui tunc praeerat, a baronibus terrae et incolis sustinuit. Et tunc liquor sacrae emanationis stillare cessavit neque in diem, quo ecclesia restituta esset indemnitati. Et idem venerabilis episcopus cum universitate civitatis indicto jejunio nudipes et absque linnis ad monasterium beatae Walpurgis ascendit, devote ac submisse cum universitate populi sui supplicans, ne effectu tantae benignitatis, sicut est emanatio sacri liquoris, in amplius privarentur. Et accedens ad altare dictus pontifex missarum solemnia adstante populo devote peregit et in confectione sacramenti et ejusdem perceptione sacratissimus liquor, qui infra spatium unius anni aequaquam destillaverat nec ullo modo se ostenderat, adeo abunter erupit, ut ampullam dimidiae pintae capacitatis, vel unius seriei (?) adimpleret. — Confr. Gretser, Dissert. de oleo St. Walpurgis cap. III (Opp. omn. ℐ, 605).

Man weiss übrigens nicht, welche massregeln das concil zur beschwichtigung des aufruhrs im Eichstättischen ergriffen.

| 1239 Juli 4 | Mainz | assistirt sammt den übrigen suffraganen von Mainz der einweihung des neuen münsters in Mainz durch den dortigen erzbischof Siegfrid III. — Mainzer sakristeibuch bei Guden, Cod. dipl. I, 527. Mansi XXIII, 502. Harzheim III, 668. Latomus, Series episcoporum. Moguntin. I, 599. Serarius, Libri quinque rer. Moguntin. pag. 837. Johannis in den noten zu Serarius I, 599. Vergl. Falk, Kunstthätigkeit in Mainz (Mainz 1869). [465] |

, 6 „ „ ertheilt mit den bischöfen von Würzburg, Strassburg, Worms, Paderborn, Verden, Halvolberg und Ratzeburg ablass für beiträge zum ausbau des doms in Halberstadt. Dat. 1239 Moguntiae III nonis julii. — Mittheilung des herrn geistl. rathes Ernest Geiss in München. Vid. Riedel, Cod. dipl. Brandenb. II. II, 446. [466]

Nov. 16 Eichstätt übergibt den zehent zu Egweil, den graf Gebhard zu Hirzpere resignirt hatte, an das kloster Kaisheim. Zeuge: Ulrich von Griezbach, truchsess. — Lang, Reg. boic. II, 290. Eichstätter pastoralbl. VII, 215. [467]

Dec. 17 (Lateran) Papst Gregor IX befiehlt dem erzbischof (Siegfrid) von Mainz und dessen suffraganen, gegen die bedränger des klosters Ebra sofort die excommunikation verkündigen zu lassen. Dat. Lateran. XVI kal. jan. anno pontific. XIII. — Pergamentoriginal im königl. bayer. allgemeinen reichsarchiv, kloster Ebrach Bamberger serie. [468]

1240 April 4 (Cham) Bischof Friedrich von Eichstätt wird durch Albert Beham, archidiakonus von Passau (Lorch im sprengel Passau), von Cham aus beauftragt, gegen die städte Nürnberg, Weissenburg und Greding den kirchenbann zu verkünden, weil sie dem excommunicirten kaiser Friedrich II soldaten geschickt. Der propst von Cham erhält Albert's schreiben, um es an seine adresse zu befördern. — Ratzinger in den Historischpolitischen blättern von Jörg und Binder LXIV, 345. Höfler, Albert von Beham pag. 5 (in der bibliothek des literarischen vereins zu Stuttgart band XVI). Aventini excerpta ex actis Alberti Bohemi bei Oefele, Scriptor. rer. boic. I, 794a. [469]

Höfler und Oefele haben das jahr 1289 april 4; allein Albert erhielt erst am 28 nov. dieses jahres die päpstliche vollmacht, mit censuren einzuschreiten (Hermannus Altahensis bei Böhmer, Fontes rer. germ. II, 500; Pertz, Scriptor. XVII, 390). Eine andere vollmacht Gregor's IX dd. Lateran. 1239 sept. 24 (Freher, Script. rer. germ. I, 340) ist wohl unecht (Ratzinger loc. cit. pag. 336).

Durch die bischöfe von Augsburg und Würzburg sollten zufolge der gleichen aufforderung und aus dem gleichen grunde ferner gebannt worden: Augsburg, Ulm, Donauwörth, Lupsgisg (?), Nördlingen, Aufkirchen, Murnau, Ansbach, Gmünd, Leutersheim, Dinkelsbühl, Hall. —

Hier und bei nr. 471, 472, sowie 474 bis 477 vergl. über Albert Beham noch Fridr. Schirrmacher, Albert von Possemünster (Weimar 1871).

April? . . . . . wendet sich nach dem vorgang vieler anderer kirchenfürsten an papst Gregor IX, um zwischen demselben und dem 1239 märz 20 excommunicirten kaiser Friedrich II zu vermitteln. — Pertz, Leges II, 335. Böhmer, Regesta imperii 1198—1254 pag. 385 nr. 128 (reichssachen). [470]

Juli 9 (Landshut) wird ebenso wie die bischöfe von Salzburg, Passau, Augsburg und Würzburg von Albert Beham, da er auf mehrere schreiben desselben, welche aufträge des papstes an ihn übermittelten, namentlich auf eines vom letzten 15 juni (St. Vitustag), keine antwort gegeben, als widerspenstig nach Landshut vorgeladen. Würde er bis zum 15 aug. nicht in person erscheinen oder abgeordnete schicken, so solle ihn die excommunikation treffen. — Höfler, Albert von Beham pag. 13. Aventini excerpta ex actis Alberti Bohemi bei Oefele, Scriptor. rer. boic. I, 787a; confr. ibid. 792b. [471]

Sept. 0 („ „) wird durch Albert Beham, der ihn seinen consanguineus nennt, von Landshut aus ange

3

gangen, auf einige zeit dem papste ein schloss abzutreten, das dienen könnte, den trotz
der ungehorsamen deutschen bischöfe zu brechen. Noch vor dem feste des heiligen
Michael möge er die gesandten vernehmen und dann antwort geben. — Höfler, Albert
von Beham pag. 24 und Kaiser Friedrich II pag. 121. Oefele, Scriptor. rer. boic. I,
792b. Ratzinger in den Historisch-politischen blättern von Jörg und Binder LXIV,
591.   [472]

1240
Oefele hat hier wieder das jahr 1239.

Nov. 0 | **Nürnberg**
Bischof Friedrich von Eistet erscheint als zeuge in einer urkunde des königs Konrad IV,
wodurch derselbe das gotteshaus Ebrach auf bitten des dortigen abtes Alhard sammt
personen und besitzungen, namentlich mit dem gut zu Schwabach, in besonderem schutz
nimmt und anordnet, dass Ebrach von vogteilicher gewalt befreit sein und unter dem
kaiser allein stehen solle. — Mon. boic. XXX. I, 279. Falkenstein, Cod. dipl. Norimb.
pag. 51 n. 38. Chronic. Schwabacense pag. 19. Wölckern, Hist. Norimb. dipl. pag.
108. Böhmer, Regesten des königs Konrad IV nr. 28.   [473]

Dez. 5 | **(Landshut)**
wird durch Albert Beham excommunicirt, nachdem ihm derselbe zu wiederholten malen,
aber immer erfolglos, sowohl selbst ermahnt als durch den propst und archidiakon von
Eistet hatte ermahnen lassen. Der propst und der dekan von Eichstätt erhalten den
auftrag, die excommunication zu verkünden. (Albert nennt den bischof Friedrich
wieder seinen consanguineus.) Non. dec. MCCXL. — Höfler, Albert von Beham pag.
26. Aventini excerpta bei Oefele, Scriptor. rer. boic. I, 792b.   [474]

„ 20 | **(„ „)**
Albert Beham erklärt für ungiltig, was bischof Friedrich während der zeit seiner suspen-
sion und excommunikation hinsichtlich der kirchlichen beneficien und der sakramenten-
spendung vornehmen oder sonst wie anordnen würde. Act. Landshuet XIII kal. jan.
MCCXL. — Höfler pag. 26. Aventini excerpta bei Oefele I, 792b.   [475]

Das gleiche schreiben Albert's enthält die excommunikationssentenz gegen den propst, den dekan,
und den archidiaconus, qui dicitur oblaicus, und die kanoniker von Eichstätt. Am 15 jan. 1241 traf der
bann zuletzt das ganze domkapitel, da dessen glieder immer noch celebrirten und mit dem bischof verkehrten.

1241
Jan. 29 | **(„ „)**
Ulrich, propst in Herriden und kanonikus in Eistett, und mit ihm der Eichstätter thesau-
rarius H. erhalten von Albert Beham den auftrag, die von ihm verhängte excommunikation (gegen bischof Friedrich) zu verkünden. Landshuet IV kal. febr. MCCXLI.
— Höfler pag. 26. Oefele I, 792b.   [476]

Febr. 21 | **(„ „)**
Albert Beham befiehlt der alten kapelle in Regensburg, publicare superiora contra Eiste-
tensen. Landshuet IX kal. mart. — Höfler p. 27. Oefele I, 792b.   [477]

Aug. 29 | **Eichstätt**
Bischof Friedrich von Eistät vertauscht einen hof in Regensburg an das kloster Rebdorf
gegen drei höfe dieses klosters, von denen zwei in Eichstätt (apud claustrum sanctae
Walburgae in fonte molendini und in monte pedis vetulae urbis), der dritte in Mörnsheim lagen. Zeugen: Albertus major praepositus. Dietmarus decanus, praepositus de
Herrieden. Hillebrandus de Mern, Fridericus de Altheim, Hainricus de Schwarz-
hoven, canonici Eistettenses. Hartwicus abbas de Blancstetten. N. abbas de Heidenheim.
N. praepositus de Rottenburch. Ulricus dapifer. Chonradus de Enkeringen et filius
suus Arnoldus. Ulricus de Nazzenvels. Chuono de Lapide (Hilpoltstein). Geitfridus
de Walmtingon. Sifridus Busenheimer. N. pincerna. Datum 1241 apud Eistetem
iiii kal. sept. anno pontificatus V. — Nach dem Regensburger stadtbuch fasc. 2 mitgetheilt von herrn geistl. rath Ernest (Leiss zu München. Im auszug bei Gemeiner,
Regensburger chronik I, 347 (ohne angabe der zeugen).   [478]

1243
Mai 7 | **Wassertrü-**
| **dingen**
erscheint sammt bischof Siboto von Augsburg als mitsiegler in einer urkunde der grafen
Ludwig des Aeltern und Jüngern von Oettingen, in welcher dieselben den Deutsch-
ordensbrüdern des spitals zu Oettingen bewilligen, alle von den gräflichen unterthanen
gegebenen almosen unter der bedingung der wiederlösung als eigenthum zu besitzen.
Actum in Watertrudingen 1243 in priore die ante festum Georgii. — Papiercopie im

fürstlichen archiv zu Wallerstein. Ebendort die copie eines transsumpts vom 6 april 1362 (copie 5974 und 5981).   [479]

Lang, Materialien zur Oettingischen geschichte II, 4 und IV, 328 hat irrig das jahr 1240.

wohnt einem concil in Mainz bei und vertheidigt gegenüber den bischöfen von Hildesheim, Paderborn (Warburn) und Worms, von denen jeder den ersten rang nach dem erzbischof von Mainz für sich in anspruch nahm, die praerogative seiner kirche und lässt dieselben durch zwei präpste und einen dekan, von welchen drei männern jeder bei hundert jahre alt war, im einzelnen bezeugen. Es wurde anerkannt: Der heil. Bonifacius habe den heil. Willibald aus besonderer liebe auf den rath seiner suffraganen, mit zustimmung seines kapitels, unter belwissen seiner sämmtlichen ministerialen und nach dem rathe des papstes auf einer eigens zu diesem zwecke berufenen synode in honore et in sessione für den ersten bischof des metropolitansprengels nach dem erzbischof erklärt. Ueberdies habe der bischof von Eichstätt nach der anordnung des heil. Bonifas im erzbisthum Mainz selbst, wenn dort sedisvacanz eintritt oder der erzbischof sich nach auswärts begeben hat oder ungeordnete zustände vorhanden sind, bischöfliche befugnisse zu üben, was ebenfalls vom papst bestätigt worden und in alten büchern der kirche Mainz aufgezeichnet ist. In folge dessen ist es nach den drei zeugen des bischofs Friedrich zum rechte geworden: 1. Bei einer provincialsynode hat in der kirche auf der einen seite ein gemeinsamer sitz für den erzbischof von Mainz und den bischof von Eystet angebracht zu werden; die anderen suffragane sitzen auf der entgegengesetzten seite. 2. Wenn während des concils der metropolit erkrankt, so führt Eichstätt den vorsitz, gibt und verkündet die entscheidung und schliesst die synode. 3. Im gleichen falle oder bei sonstiger verhinderung hat der bischof von Eichstätt zur vornahme aller bischöflichen funktionen an stelle des metropoliten nach Mainz berufen zu werden. 4. Die prokuratoren des erzbischofs kommen dann bis Pergeln, das noch zu Eystet gehört (Bergiein bei Ansbach oder Hailsbronn) dem bischof von Eichstätt entgegen und bestreiten für ihn und 30 begleiter zu pferd sowohl auf der hin- und rückreise als während des aufenthalts in Mainz den unterhalt. 5. Bei der ankunft in Mainz hat das dortige domkapitel den bischof von Eystet in procession zu empfangen. Zeugen: Die bischöfe von Würzburg, Strassburg, Speyer, Worms, Hildesheim, Paderborn, Halberstadt et alii quam plures praelati, clerici et laici. Ulrich von Katzenstein, propst in Herrieden. Konrad genannt von Chastel. Otto von Pfünz (de Ponte). Hermann von Tanhusen, kanoniker von Eystet. Heinrich, notar und kanoniker von Herrieden. Die ministerialen Konrad der jüngere, truchsess; Cuno von Stein et alii quam plures. — Eintrag des Eichstätter kanonicus Konrad von Kastel in das pontifikale Gundekar's II. Daraus entnommen von Joannes Georgius Joannis und abgedr. in dessen noten zu Serarius, De reb. Mogunt. lib. I cap. 23. Aus Joannis bei Harzheim III, 569 (den eingang hat Harzheim IV, 616) und Mansi XXIII, 688. Guden, Cod. dipl. I, 575. Schmid, Dissertat. de conciliis Moguntinis. Confr. Bischof Philipp, De divis tutelar. cap. 23 und Gretser's observationes dazu lib. I cap. 15. Falkenstein, Cod. dipl. Eyst. pag. 53 anm. a.   [480]

Seit 1243 bedienen sich die bischöfe von Eichstätt häufig des titels: Kanzler von Mainz. Urkundlich kommt er zum ersten male vor unter bischof Engelhard 1260 febr. 11.

Auch das recht, das Rationale zu tragen, leitet bischof Philipp, De div. tutelar. cap. XXIII, von der kanzlerwürde der Eichstätter bischöfe her: „In cujus dignitatis evidentiam vestitura magni ornatus ac sanctae figurationis et (dem heil. Willibald vom heil. Bonifacius) concessa est necnon omnibus sibi rite succedentibus prae cunctis episcopia, qui de linea Moguntinae derivationis computantur. Vocatur autem vestis illa Rationale". — Fast ebenso, wie hier, spricht sich Philipp aus in seiner Vita St. Walpurgae bei den Bollandisten. Confr. Gretser's observationes lib. I cap. 16. Mallinckrot, De cancellariis et archicancellariis sacri rom. imperii. Eichst. pastoralblatt I (1854), 4 sqq.

führt am zweiten tage des concils zur ausübung des ihm am ersten tage bestätigten vor-

3*

1243		rechts trotz der persönlichen gegenwart des erzbischofs von Mainz den vorsitz (cum domino Moguntino in una sede concilio laudabiliter praesedit) und promulgirt die gefassten beschlüsse. — Pontificale Gundecharianum, Joannis, Herzheim, Mansi, Guden loc. cit. [481]
Juni 27	Mainz	weibt wegen verhinderung des erzbischofs von Mainz das monasterium (kreuzgang — Heſele, Conciliengesch. V, 974) in majori ecclesia Moguntina unter assistenz aller eben anwesenden anderen bischöfe und in gegenwart des königs Konrad IV. — Quellen wie am vorigen tage. [482]
Aug. 29	Würzburg	macht mit bischof Hermann von Würzburg einen vertrag, dass bei eben zwischen den ministerialen des einen und des andern bisthums die kinder so getheilt werden sollen, dass ohne rücksicht auf das geschlecht das erste dem herrn des vaters, das zweite dem herrn der mutter gehören solle. Act. apud Herbipolim 1243 IV kal. sept. anno pontificatus nostri (scil. Hermanni) XXV. — Falkenstein, Cod. dipl. Eyst. pag. 43 nr. 34. [483]
1244		
Juli?	Regensburg	wohnt einem landtag in Regensburg bei und beschwört mit dem herzog Otto II dem Erlauchten von Bayern sowie den bischöfen Eberhard von Salzburg, Rudger von Passau, Sifrid von Regensburg, Chunrad von Freising, Heinrich von Bamberg und mehreren grafen und anderen herrn einen landfrieden, der mit dem feste des heiligen Jakob (juli 25) beginnen und drei jahre dauern soll. — Archiv für österr. geschichtsquellen I, 44. Quellen zur bayer. und deutsch. gesch. V, 77 (verbesserter abdruck der satzungen). Hansiz, Germ. sacr. II, 342 (nach dem chronic. Salisburg.). Rockinger, Zur äussceren gesch. der älteren bayer. landfrieden in den histor. abhandl. der bayer. akad. bd. X abtheil. II p. 483 (1866). Vergl. Falkenstein, Baierische gesch. III, 96. Canisius, Lection. antiquae III, 478 (der neuen ausgabe). Hansiz, Germ. sacr. II, 342. Bühmer, Wittelsb. regest. pag. 21. *Dinlering, Luccilinw IV, 445 (und von fpfr 1442).* [484]
		<small>Auf diesem landtage wurde nach Aventin Albert Beham aus Bayern verbannt (cfr. Häfler, Albert von Beham p. 46). Allein dessen vertreibung aus Landshut fällt schon in den okt. 1241 (Ratzinger loc. cit. LXIV, 606). Deshalb verlegt Lang (Bayrische jahrbücher von 1179 bis 1294) den erwähnten zusammentritt der bischöfe und weltlichen fürsten in das jahr 1241. Allein der als gegenwärtig genannte Heinrich von Bamberg wurde erst 1242 bischof (Ratzinger loc. cit. LXIV, 606). Das zwingt zu der annahme, die vertreibung Beham's sei nicht auf einem landtag beschlossen worden.</small>
Okt. 7	Eichstätt	überlässt dem abte Christian von Solenhofen den neubruchzehent auf den besitzungen der Solenhofener kirche, soweit er dem bischof zugehörte, unter der bedingung, dass die pröpste zu Solenhofen den bischöfen van Eichstätt jährlich am feste des heil. Willibald vier pfund pfeffer reichen. Zeugen sind: Albertus praepositus major. Albertus decanus. Ulricus, praepositus ecclesiae Herriedensis. Hainricus, quondam oblaicus. Engelhardus scolasticus. Hainricus archidiaconus, dictus de Schwarzhoven. Hiltebrandus de Morne, archidiaconus. Albertus plebanus. Cunradus Jacco oblaicus. Sifridus de Emecheskeim. Cunradus de Castel. Ulricus de Niedelingen. Fridericus de Altheim, canonici Eistettenses. Sifridus, abbas de Ahusen. Perinhardus electus de Blanckatetten Hermannus praepositus de Rebdorf. Waltherus plebanus in Sulenhoven. Hainricus plebanus in Mundelstat. Cunradus custos Herrieden. Heinricus notarius. Cunradus de Woclehn clerici. Ministeriales ecclesiae nostrae: Ulricus marschalcus de Nazzenvels. Cunradus dapifer dictus de Griezbach. Hermannus camerarius de Lentfriedshoven. Reinbotto de Witenshein. Albertus de Emendorf. Cunradus Tolero. Reinbotto niger de Witenshein. Heinricus Coloniens. Arnoldus de Enkeringen. Ulricus de Erlingeshoven et alii quam plures. Act. apud Eistett anno Domini millesimo CC.XLIIII. non. oct. indict. II. pontif. nostri anno octavo. — Lang, Reg. boic. II, 123. Falkenstein, Cod. dipl. Norimb. pag. 52 nr. 37. Lang, Reg. boic. II, 351. [485]
		<small>Die menge der zeugen lässt eine synode vermuthen. — Eichst. pastoralblatt I (1854), 47.</small>

1244 eine die	.....	bestätigt die stiftung des klosters Engelthal, zu welchem Ulrich von Königstein, des reiches ehrbarer dienstmann, das gotteshaus Ofenhausen und seine güter in Schrotsdorff gegeben. — Martini, Historisch-geographische beschreibung des frauenklosters Engelthal (Nürnberg 1798). Falkenstein, Nordgauische alterthümer im hochstift Eichstett II, 332. Neber im vierzehnten jahresbericht des historischen vereins von Mittelfranken pag. 29. Deliciae topographiae Norimbergens. pag. 62. [486]

Erste oberin des klosters Engelthal war Christina Ebner. Vid. über sie Lochner, Leben und geschichte der Christina Ebnerin. Nürnberg 1872; Schröder, Der nonne von Engelthal büchlein von der gnaden überlast (publication des historischen vereins in Stuttgart 1871). Ueber Christina und ihre schwester Margaretha, klosterfrau in Medlingen vid. Steichele, Das bisthum Augsburg III, 170 und Lechner. Bericht aus dem mystischen leben der gottseligen ordensjungfrauen Christina und Margaretha Ebner, anhang zu dem buche des genannten verfassers: Das mystische leben der heil. Margaretha von Cortona. Regensburg 1862

„ „	Regensburg	gibt nebst dem erzbischof Eberhard II von Salzburg, dem bischof Rudiger von Passau, dem herzog Otto II von Bayern die erklärung ab, das privilegium eingesehen zu haben, womit der genannte Otto dem stifte Admont auf seine klage gegen Meinhard grafen von Abinsperch bezüglich eines gutes in Elsindorf recht gesprochen und dem grafen Meinhard wegen der dem kloster Admont zugefügten bedrückungen die vogtei über Elsindorf abgenommen hatte, gegen welchen beschluss aber erzbischof Eberhard von Salzburg protestirt. Act. Ratispone 1244 (wohl während des landtags in Regensburg). — Joanneisches archiv in Gratz, abschrift nr. 584 (ungedruckt). [487]
1245 Juni 19	Ingolstadt	eignet dem kloster zu Ahusen einige besitzungen zu Lohenbenbach, die herr Friderich von Gruhendingen von der kirche zu Eistet zu lehen hatte und wofür letzterer der genannten kirche etliche eigene güter zu Buvenhoven gegeben. Zeugen: Pricster Gotfrid, kanoniker zu Rebedorf, genannt von Zante; bruder Cunrad zu Ahusen, genannt von Frankenhoven; notar Heinrich, kanoniker zu Herriden; Ulrich von Muere, Cunrad von Giselsheim, Reimar von Burch, Remboto genannt niger von Witonsheim, Rudeger von Lwzenowa, ritter (milites) und ministerialen der kirche zu Eistet; Otto von Migenheim. Actum Ingolstat anno domini 1215, xiij kal. julij pontificatus nostri anno octavo. — Pergamentoriginal im königl. reichsarchiv, kloster Auhausen an der Würniz. Kopialbuch des klosters Auhausen fol. 46 (im königl. archiv zu Nürnberg). Lang, Reg. boic. II, 359. [488]
Juli 18	Eichstätt	trifft mit dem grafen Gebhard VI von Hirschberg (da derselbe noch bei lebzeiten seines vaters Gebhard V die schutzvogtei über das hochstift Eichstätt übernommen) (vid. Moritz, Grafen von Sulzbach I, 280) eine vereinbarung über die gegenseitigen rechte. Unterhändler des bischofs sind: Meinward von Mur, Heinrich schenk von Hirzelach, Albert von Emendorf, Reimboto von Witonshaim und Heinrich von Rorbach. Unterhändler des grafen: Herr Gotfrid von Altstadt (de veteri urbe), Reimboto von Milonhart, Heinrich von Utenhoven, Albert schenk von Tegeningen und Ernst von Wemdingen. Obmann: der dompropst Albert von Eichstätt. Es wurde bestimmt: 1) das recht über die thore und thorschlüssel der stadt Eichstätt steht dem bischofe und dem grafen nach altem herkommen gemeinsam zu (jus portarum et clavium earundem erit inter episcopum et comitem); 2) zur steuerzeit nehmen der bischof und der graf die gemeine steuern in Eichstätt und Pirchingen ein; ihre beamten legen dieselben auf und theilen sie gleichbeitlich. Wird aber die herbststeuer durch den grafen in Pirchingen erhoben, so erhält davon der bischof einen theil, der graf zwei theile; doch wird das quantum der steuer wieder von den beamten beider theile gemeinsam bestimmt; 3) über das, was innerhalb des emunitätsbezirkes der stadt Eisteten geschieht d. h. in der stadt selbst und in den häusern oder auf den höfen der kanoniker und kleriker, steht die gerichtsbarkeit ausschliesslich dem bischof zu; der graf kann aber einschreiten, wenn jemand, der zur emunität gehört, ausserhalb des emunitätsbezirkes auf einem verbrechen

4

ergriffen wurde und der bischof sich weigert, recht zu geben; 4) die Brunenmül bei Eichstätt vorbleibt dem bischof; 5) über personen, welche im dienste des bischofs stehen, und über die leute, welche zu den vier hofämtern gehören, hat der graf weder ein steuer- noch ein anderes recht, wofern nicht die ersteren zugleich hörige des grafen sind; 6) will der graf die herbststeuer auf dem lande erheben, so werden bischöfliche und gräfliche beamte mit einander dieselbe eintreiben; ein theil gehört dem bischof, zwei theile dem grafen. Jedoch soll diese steuer nicht arglistig unterbleiben und den bauern sollen nicht weitere abgaben aufgebürdet werden; 7) der nachfolger des bischofs Friedrich kann, wenn er will, von dieser übereinkunft abgehen, nicht aber bischof Friedrich selbst und ebensowenig der graf. Mitsiegler: Das domkapitel. Zeugen: Albert, dompropst; Albert, dekan; Heinrich, archidiakon, zuvor oblaicus; Hildebrand von Mern, archidiakon; Albert, pfarrer, genannt von Owe; Chunrad Jaceo, oblaicus; Otto, priester, genannt von Pflüns (de ponte); Sifrid von Emchesheim; Ulrich von Nidelingen; Hermann von Tanhusen, domherrn in Eichstätt. Hermann, propst in Rebdorfe; herr graf Berthold von Graiffesbach; Otto von Wellenwart; Cunrad von Trennel; Heinrich von Appesperge, freie männer. Hermann von Staufo genannt Bruggeslegel; Heinrich von Meringen, reichsministerialen. Ministerialen von Eichstätt: Ulrich, marskalk von Nazenvels; Bruno von Imeldorf; Chunrad von Emchesheim; die brüder Bernhard und Marquard von Crugesburc; Chunrad Tolero; Gotfrid von Rucshofen; Heinrich genannt Colonus; Hiltebrand von Zante et alii quam plures clerici et laici. Dat. apud Eisteten 1245 XV kal. aug. — Pontifikalbuch Gundekar's II. Popp, Cod. Monac. pag 63.   [489]

<table>
<tr><td>1245
Juli 26</td><td>(Lyon)</td><td>hat, wie es scheint, einen stellvertreter zu dem dreizehnten allgemeinen concil nach Lyon gesendet; denn am 27 juli 1245 stellt papst Innocenz IV in Lyon eine urkunde aus, durch welche die von dem bischof Heinrich vorgenommene reduktion der Eichstätter domherrn von 50 auf 30 (vid. nr. 442 dieser regesten) bestätigt wird. — Pergamentdiplomater des Eichst. domkap. pag. 2a.   [490]</td></tr>
</table>

1245
Juli 26 | (Lyon) | hat, wie es scheint, einen stellvertreter zu dem dreizehnten allgemeinen concil nach Lyon gesendet; denn am 27 juli 1245 stellt papst Innocenz IV in Lyon eine urkunde aus, durch welche die von dem bischof Heinrich vorgenommene reduktion der Eichstätter domherrn von 50 auf 30 (vid. nr. 442 dieser regesten) bestätigt wird. — Pergamentdiplomater des Eichst. domkap. pag. 2a.   [490]

Aug. 14 | . . . . . | bestätigt die durch den erlauchten mann Friedrich von Truhendingen und seine ehefrau Agnes gemachte stiftung des zisterzienserinnenklosters Stabelsperch, zu welchem kloster die stifter ihre besitzungen in Stabelsperch mit ausnahme eines fischteiches, sodann ein gut in Winsfelt (Weinsfeld) und den kirchensatz an eben diesem orte in der weise übergeben halten, ut dietae religiosae feminae nullum praeter Virginis Filium habeant advocatum, während der freie mann Egelolf von Lierheim zur erweiterung der klosterbesitzung sein gut Hüllenhof und seine mühle in Mnemmingen gegen das ursprüngliche stiftungsgut Stachelsberg an die nonnen austauscht. Acta anno MCCXLV indict. IX decimo kal. sept., pontificatus nostri anno nono. Mit den siegeln des bischofs Friedrich, Friedrich's von Truhendingen und Egelolf's. — Originalpergament im fürstl. archiv zu Wallerstein, abgedruckt in Lang's Materialien zur Oettingischen gesch. III, 209. [491]

Stabelsberg, zwischen Heidenheim und Urabelm, wo jetzt noch eine waldung dieses namen hat und eine Stablmühle vorkommt (Popp, Regest. ad ann. 1245), war urkundlich schon 1252 nach Zimmern in der Augsburger diöcese verlegt (Lang, Materialien III, 229). Das ursprüngliche kloster ist bis auf die letzten spuren verschwunden. Die päpstliche bestätigung hatte es erhalten 1249 aug. 28 (Lang II, 216).

Dec. 12 | Eichstätt | überlässt seine besitzungen zu Laber, die bisher Lutold schenk von Augia (Auga) besessen, durch Lutold von Olat aber heimgesagt hatte, dem augustinerstifte Robr (bei Abensberg) als eigenthum, und zwar auf bitten des dortigen propstes Hugo. Dat. apud Eistet pridie id. decembria 1245. — Mon. boic. XVI, 127. Dahlhammer, Canonia Rohrensis pag. 21. Lang, Reg. boic. II, 364.   [492]

1246
Juni 28 | „ „ | Todestag des bischofs Friedrich II. Darauf folgt eine sedisvakanz, die etwas über sechs monate dauert.

XXXIII. Heinrich IV von Wirtemberg 1247—1259.

Konrad von Kastel berichtet im pontifikale Gundekar's II, dass dieser Heinrich nicht durch die wahl des domkapitels, die zwiespältig ausfiel, sondern durch päpstliche ernennung die infel von Eichstätt erhalten habe: „Successit Heinricus episcopus dictus de Wirtemberc, quem domnus papa Innocencius (IV) et Philippus ejus legatus in Alemannia tempore cismatis (schismatis) ecclesiae Eistetensi propter discordiam, quae creverat inter fratres, praefecit" (bei Pertz VII, 252).

Thomas fügt bei: „II. episcopus dictus de Wirtenberch sedit annos duodecim minus quatuor mensibus; 1259 III idus maj. (13 mai) obiit" (bei Pertz VII, 251). Demnach wurde er im jan. 1247 gewählt. Damit stimmt genau die rechnung zusammen, die sich aus nr. 406 und 407 dieser regesten ergibt.

Ein chronicon Wirtembergense bei Schannat, Vindemiae literariae, colloct. II pag. 23 sagt: „Anno Domini mccxliij die 28 junii mortuo Friderico episcopo Eichstetensi successit per electionem in episcopatu Henricus comes a Wirtemberg". Dies hat schon darum kein gewicht, weil dieses chronicon nicht vor 1514 verfasst worden. Confr. Stälin, Wirtembergische gesch. III, 10.

Die Eichstätter nachrichten über die abstammung Heinrich's IV aus dem hause Wirtemberg ergänzen Stälin (Wirtemberg. gesch. II, 476 und 485) und Voigtel-Cohn (Stammtafeln zur gesch. der europ. staaten nr. 91) dahin, dass sie ihn zu einem bruder der grafen Eberhard I und Ulrich I Pollex machen. Indessen scheint die gleichzeitigkeit ihr einziger grund hiefür gewesen zu sein.

Eberhard I kommt seit 1241 nicht mehr vor, scheint also schon todt gewesen zu sein, als Heinrich den bischöflichen stuhl von Eichstätt bestieg. Ulrich lebte bis 1265 und stand während der kämpfe zwischen den Hohenstaufen und den päpsten entschieden auf seite der letzteren. Er und Hartmann aus der nebenlinie Wirtemberg-Grüningen hatten am 5 aug. 1246 in der schlacht bei Frankfurt zwischen Conrad IV von Hohenstaufen und könig Heinrich Raspe von Thüringen mit ihren 300 rittern und armbrustschützen gegen Konrad den ausschlag gegeben (S. .m II, 195. 482). Nach Heinrich's tod schlossen sich beide, wieder gegen die '...enstaufen, an Wilhelm von Holland an, der am 3 okt. 1247 in Neuss gewählt werden war (Stälin II, 202). Im märz und april 1251 befindet sich Ulrich als führer einer gesandtschaft aus Schwaben bei papst Innocens IV in Lyon (Stälin loc. cit.) und wird in fünf während dieser zeit erlassenen päpstlichen schreiben genannt: a) vom 20 märz für das kloster Lorch; b) vom 21 märz an den abt in Schwaben; c) vom 4 april für das kloster Steinheim; d) ebenfalls vom 4 april für die äbtissin des klosters Lichtenthal; e) vom 4 oder 5 april für den abt von Schwarzach, betr. kloster Lichtenthal (vid. Stälin II, 496 für die ersten drei und das letzte nr., Potthast, Regesta pontif. romanor. I, 1179 für d und e). Hartmann von Grüningen ab . . . . '. ...... in einer bitte an den papst Alexander IV für das kloster Weissenau: :. ecclesiae clypeus noster nunquam declinavit et basta nostra non est averr. . .

Letzterer wurde durch Wilhelm von Holland in der diözese Eich-i orten begütert. Am 12 juli 1259 erhielt er nämlich von dem genannten güter und lehen übertragen, welche zuvor Heinrich von Wemding inn. Regesten Wilhelm's nr. 156 und Stälin II, 497). Eine weitere verleih-ist berichtet bei Stälin II, 497 regest de anno 1252 sine die. Ueber sc . . . rich zur thatsächlichen anerkennung seiner politischen haltung vid. Böh königs Wilhelm nr. 155 (von 1252 juli 12) sowie des königs Richard nr. . . . von 1260 aug. 26).

Ulrich's sohn, Eberhard der Erlauchte von Wirtemberg, nennt sich in einer urkunde von 1292 febr. 12 (Scheid, Mantissa documentor. pag. 169 und Lang, Reg. boic. IV, 509) einen verwandten der Hirschberger. Graf von Hirschberg war 1292 Gebhard VII, der 1305 starb und sein geschlecht beschloss. Sein grossvater Gebhard V, der 1246 bei der belagerung von Nassenvels von seinem hofnarren ermordet wurde (Lateinische Kastler chronik ad hunc ann.), hatte, wie Moritz glaubt (Grafen von Sulzbach II, 306 und stamm-taf. VIII), eine Mathilde von Wirtemberg zur gemahlin. Mit rücksicht auf die chronologie wird man diese Mathilde für eine schwester des bischofs Heinrich IV und des grafen Ulrich I halten müssen. Also war bischof Heinrich IV mit den Hirschbergern verschwägert.

Eine zweite schwester Heinrich's, Willibirg genannt, war vermählt mit dem grafen Wilhelm von Tübingen-Giessen (Schmid, Gesch. der pfalzgrafen von Tübingen pag. 158; confr. Stälin II, 426). Eine dritte schwester unbekannten namens hatte Rudolf III den Scherer, den neffen vorstehenden Wilhelm's, zum gemahl (Stälin, Wirtemb. gesch. II, 426 und ibid. pag. 447 ein regest von 1251 juli 1 sowie pag. 448 und 498 zwei regesten von 1256 sept. 5; Schmid, Gesch. der pfalzgr. von Tüb. pag. 176 und 190). Eine vierte hiess Adelheid und war an Gottfried III von Helfenstein-Sigmaringen verheirathet (Voigtel-Cohn, tafel 91; vergl. aber Stälin, Wirtemb. gesch. II, 388 und ibid. pag. 396 ein regest von 1220 sino die; desegl. Wirtemb. jahrb. von 1853 heft II pag. 196).

Auch Gottfried von Sigmaringen und das haus Tübingen wie überhaupt die über-wiegende mehrzahl der schwäbischen grossen standen entschieden auf seite des papstes (Stälin II, 201 sq.).

In einem schreiben des papstes Innocenz IV dd. Lyon jan. 27 an den bischof Heinrich III von Strassburg wird noch von einer neptis comitum de Wirtenberg et de Grue-ningen, qui propter fidem puram mereantur ab apostolica sede multipliciter honorari, er-wähnung gemacht. Dieselbe, bereits nonne, soll zur äbtissin von St. Stephan in Strassburg erhoben werden (Stälin II, 495 sq.)

Ueber die bauthätigkeit Heinrich's IV am dom, den schon die bischöfe Hartwig, Friedrich I und Heinrich I in eine dreischiffige (romanische) kirche umgewandelt (Eichst. pastoralbl. IX, 152), vergl. unten nr. 520 (nota) und nr. 522 dieser regesten. Auch war unter ihm die St. Michaelskapelle im südlichen domthurm (turris St. Michaelis), die bischof Gundekar II 1072 juli 10 eingeweiht hatte, die aber 1188 nicht mehr bestand, zum zweiten mal für gottesdienstliche zwecke entsprechend eingerichtet (Eichst. pastoralbl. loc. cit.).

Im jahre 1256 wird unter bischof Heinrich IV in Kastel ein nonnenkloster, über dessen ursprung man völlig im unklaren ist, dessen dasein aber wenigstens 1246 urkundlich bewiesen werden kann, zum letzten male erwähnt (Eichst. pastoralbl. XI, 113).

1248
Mai 30 **Eichstätt**

Unter vorsitz des bischofs Heinrich von Eichstätt entscheiden der archidiakon Hiltbrand von Mern und der custos H. von Stopho als gewählte schiedsrichter des dompropstes Albert, des domdekans Albert und des ganzen domkapitels einerseits, dann Hermann, advocatus des grafen Gebhard von Hirschberg, und Konrad, genannt Hennagel, bürger zu Eichstätt, als schiedsrichter der frau Gertrud, wittwe des Albert Fischlein, und ihrer söhne auf der andern seite über ein halbes haus und den ganzen hof neben der pfarr-kirche zu Eichstätt auf dem markte, die beide vordem dem krämer Uriner gehörig waren, in der weise, dass die erwähnte Gertrud ihren ansprüchen darauf entsagen soll. Act. anno Domini 1248 III kal. jun. — Pergamentdiplomatar des Eichst. domkap. pag. 14a. Daraus Popp, Diplom. capit. Eystett. ad hunc ann.   [493]

1d

Bischof Heinrich vergleicht sich unter vermittlung des grafen Gebhard von Hirzperch mit dem grafen Ludwig dem jüngeren von Oettingen über zwei wiesen bei Arenbrt (Ornbau), genannt Wisentowe und Aychach, in der weise, dass dieselben hinfür der kirche Eystett als volles eigenthum angehören sollen, dagegen der bischof dem grafen von Oettingen zur rekompensation besitzungen in Hagenbach als lehen überlässt. Zeugen: Hadelbrand von Arnsperg; Hademar von Labor; Heinrich von Appsperge, freie männer. Bruno truchsess von Imeldorf; Heinrich schenk von Hirslach; Hermann kämmerer von Lentfrideshoven; Reimboto von Mörnsheimb; Hertwie von Mahr; Albert von Emmendorf; Conrad von Rugshofen (Russhofen); Konrad von Hirslach, ministerialen der Eystetter kirche. Heinrich von Uttenhoven; Heinrich von Messingen; Rudger und Ulrich von Erlingshoven; die brüder Ernest und Heinrich von Wembdingen, ministerialen des grafen Sebastian (?) von Hirsperg. Konrad truchsess von Rechenberg; Gerung von Eringen; Ulrich von Steinheimb; Konrad der jüngere von Thann, ministerialen des herrn Ludwig von Oettingen. Act. apud Lellenvelt anno Domini 1248 in nativ. St. Joh. Bapt. — Falkenstein, Cod. dipl. Eyst. pag. 45 nr. 36. Popp, Cod. Monac. pag. 55. Confr. Lang, Materialien zur Oettingischen gesch. III, 6. Verhandlungen des histor. vereins von Oberpf. und Regensb. XXI, 447. Freyberg, Cod. tradit. monasterii St. Castuli (histor. abhandl. der königl. bayer. akad. der wissensch. bd. II abth. III pag. 113). [494]

1248
Aug. 1 Eichstätt bestätigt und siegelt den beschluss seines domkapitels, dass der kanon jeder oblay von den innehabern der letztern zur bestimmten zeit ganz entrichtet und die jahrestage der stifter sorgfältiger gehalten werden sollen. Wäre der termin für einen jahrestag vorübergegangen, ohne dass der betreffende kanonikus genügt hat, so solle er sein einkommen nicht mehr beziehen dürfen (stipendia sint ipso jure suspensa); würde das innerhalb eines monats nicht wirken, so solle er vom consortium der kanoniker ausgeschlossen sein; würde auch das in vierzehn tagen keinen erfolg gehabt haben, so sollten die kanoniker überaliess noch den gottesdienst einstellen können. — Aus dem pontifikale Gundekar's II. [495]

1249
(vor Febr.) ..... bestätigt dem kloster Seligenporten, das Gothefrid von Solzpure und dessen gemahlin Adelheid auf ihrem grund und boden für nonnen des cisterzienserordens erbaut und zu dem sie zur abliisung der zehenten, die sie zuvor von allen ihren besitzungen an das genannte kloster entrichtet, 3 höfe in Kutenhusen, 3 höfe in Riut und 2 höfe in Pephensbach gegeben, überdies aber noch besitzungen in Wiprechtsdorf, Mersdorf und Rechehofen geschenkt halten, wofür die nonnen von dem pfarrer zu Solzpure zwei kleine widdumastücke in Menie eintauschten. Zeugen: Cunrad der jüngere von Solzpure; Rupert von Rupreclatein; Cunrad von Hohenfels; Hademar von Labor; Cunrad von Regkendorf; Rudeger von Helffenberg; Cuno von Werkthoven; Goschalk von Schenhoven; Ulrich von Belingen; Gotehold von Itenhoven; Cunrad Lacter; Rudger von Fuhrenrith et alii quam plures. Cunrad der jüngere von Solzpure, der ebenfalls den willen gehabt, von allen seinen besitzungen den zehent an Seligenporten zu entrichten, gab statt dessen an das genannte kloster eine villa in Pfaffenhoven und alles, was er in Bruno besass; zum seelengeräth für seine eltern aber vermachte er einen hof in Huchenbach. Zeugen: Gothefrid von Solzpure, patruus Cunradi; Heinrich ...; Wltmann der jüngere; Hebeno truchsess; Ulrich von Buchfeld; Rudolph von Wepretsdorf; Albert von Kuringesdorf; Cunrad von Burgetti; Rudger von Fuhrenrith; Heinrich Eihenbrunner; Berenger von Bouland; Heinrich von Rogkadorf. Mitsiegler: das kapitel und der abt von Hailaprun. Acta anno Domini 1249, pontificatus nostri II, indict. VII. — Falkenstein, Cod. dipl. Eyst. pag. 46 nr. 37 und Antiq. Nordgav. im hochstift Eichstett II, 384. Köhler, Histor. comit. de Wolfstein, cod. probation. pag. 8. K. Roth, Verzeichniss der Freisinger urkunden nebst einem anhang, pfälzische ortsnamen enthaltend pag. 81. Lang, Reg. boic. II, 420 (darnach die geographischen namen). [496]

Febr. 6 Eichstätt gibt seine zustimmung dazu, dass die einkünfte der kirche zu Sammenheim für das kloster zu Heidenheim verwendet werden. Act. apud Eistet. non. febr. anno pontif. III. —

5

1249 Mai 27	Eichstätt	Popp, Cod. Monac. pag. 364. Lang, Reg. boic. II, 405. Stieber, Historische und topographische nachricht vom fürstenthum Brandenburg-Onolzbach pag. 683. [497] inkorporirt die pfarrei Laibstat der dompropstei in Eichstätt, da die einkünfte der letzteren durch raub und brand und auf andere weise geschädigt worden waren. Act. apud Eyst. 1249 VI kal. jun. indict. VI. — Popp, Cod. Monac. pag. 433. [498]

Indiktion und jahr stimmen nicht zusammen, denn die indikt. VI trifft auf 1248. Nach einer domkapitlischen urkunde jedoch von 1249 mai 22 über zehenten in Tautenwind stand damals schon das patronatsrecht bei der kirche zu Laibstat dem Eichst. dompropst zu (Pergamentdiplomatar pag. 96. Stein, Cod. dipl. I, 147).

Juli 18	(Lyon)	erhält von papst Innocenz IV die weisung, den chorherrn von Rebdorf zu gestatten, dass sie ansiedler im walde Harde bei ihrer kirche begraben und denselben dort die sakramente spenden. — Stein, Cod. dipl. I, 58. [499]
Aug. 13	(„ „)	ist sammt dem bischof (Albert) von Regensburg und dem grafen Gebhard von Hirschberg als intervenient in einer urkunde genannt, durch welche papst Innocenz IV die kirche Hembar (Hemau) dem kloster Prüfening inkorporirt. — Ried, Cod. dipl. Ratisbon. I, 420. Mon. boic. XIII, 211. [500]
Sept. 29	Eichstätt	schenkt seinem domkapitel zur aufbesserung der pfründen das patronatsrecht der kirche zu Omsingen, wie das schon bischof Friedrich, aber ohne rechtssolemnität, gethan hat, so dass die einkünfte der kirche nach dem tode des oblayers Chunrad Jacco, der dieselben jetzt bezieht, von dem domkapitel genossen werden sollen, jedoch vorbehaltlich des unterhaltes für einen vikar. Dat. Eystet anno Dom. 1249 III kal. oct. pontificatus nostri anno III. — Pergamentdiplomatar des Eichst. domkap. pag. 216. Popp, Diplom. capit. Eystett. ad hunc ann. 21.f C. Ma. [501]
1250? März 23	(Sandsee)	erhält von dem grafen Gebhard von Hirzperch, seinem vogt, das urkundliche bekenntniss, dass über die leute der kirche Eystet, welche zu den vier hofämtern (ad quatuor officia) gehören, weder ihm noch seinen vorgängern je ein recht zugestanden; sein untervogt habe früher einmal nur auf ansuchen des bischofs Heinrich diese leute angetrieben, ihrem herrn die schuldigen, aber verweigerten dienste zu leisten. Dat. apud Sandsee ann. M.CC.L.X. kal. apr. — Popp, Cod. Monac. pag. 62. [502]

Es bleibt unklar, ob man lesen müsse: MCCL X kal. apr. oder MCCLX kal. apr.

1251 Okt. 24	Eichstätt	übergibt dem abt und konvent zu Abusen einen hof bei Erelbach und ein lehen bei Lochenbach, die Heinrich, pfarrer zu Megingen, von ihm besessen und nunmehr aufgegeben hat. Dafür soll das kloster Abusen ihm und seinem nachfolgern an jedem sanct Willibaldstage 1 pfund wachs reichen. Zeugen: Burchard, abt zu Heldenheim; Otto, abt zu Wilzeburch; Albert, propst zu Eistet; Ulrich, propst zu Heriden; Hildebrand von Merne, archidiakon zu Eistet; Hermann von Grimingen; Cunrad, custos zu Heriden. Datum et actum apud Eistet anno Domini 1251 IX kal. novembris, pontificatus nostri anno V. — Pergamentoriginal mit siegel im königl. bayer. reichsarchiv in München, kloster Anhausen an der Wörnis. Kopialbuch des klosters Anhausen im königl. archiv zu Nürnberg fol. 23. Popp, Cod. Monac. pag. 378. Lang, Reg. boic. II, 11. [503]
1252 Juli 7	(Perugia)	Papst Innocenz IV gestattet, dass in der kapelle der heiligen Afra, quae juxta Eistetensem ecclesiam cathedralem sita in devocione apud loci incolas ex eo praesertim haberi dicatur, quod in ejus cimiterio canonicorum nobilium Eystetensium corpora tumulantur (mortuarium), auch zur zeit eines interdikts, jedoch bei verschlossenen thüren und ohne glockengeläute, die heilige messe gefeiert werde. — Popp, Cod. Monac. pag. 432. Eichst. pastoralbl. IV (1862), 144. [504]
Juli 15	(„ „)	ebenderselbe verleiht allen gläubigen, welche die kapelle der heil. Afra in cimiterio zu Eichstätt am patrocinium und kirchweihfeste besuchen und reumüthig beichten, einen ablass von 40 tagen. — Popp und Pastoralbl. loc. cit. [505]
eine die	Eichstätt	setzt gemeinsam mit dem scholasticus Ul., mit H. von Hagenowe, mit dem thesaurius H. und dem oblaicus C. von Waldin, welche von dem domkapitel zur besseren regelung der

verhältnisse gewählt worden waren, folgende punkte fest: 1) die beschlüsse (von 1248 aug. 1?) gegen diejenigen, welche oblaigüter innehaben, aber die darauf ruhenden abgaben nicht entrichten, sollen nach ihrem vollen inhalt in bestand bleiben. Die einzahlungen sollen bis Epiphanie geleistet sein und dabei 45 heller Nürnberger und 34 heller Ingolstädter prägung für 30 gewöhnliche heller genommen werden (attendentes quod xl et v Nurnberg. vel xxxiiii Ingolstaten. pro xxx hall. den. usque ad Epiphaniam persolvantur). Ist gilt zu entrichten, so soll das getraide bis Martini oder bis zur domkirchweihe an den oblaikasten abgeliefert sein. Zuwiderhandelnde sollen als lente angesehen werden, die oblaieinkünfte vorenthalten, und das vorenthaltene verlieren (de oblaiis, de quibus frumentum solvitur, ita est ordinatum, quod ante festum Martini vel dedicacionis ecclesiae intra septa claustri praesentetur vel stipendiarum detentarum (!) tamquam detentores oblaiorum suspendantur). Ueberdies soll jeder, der mit oblaigütern belehnt ist, binnen acht tagen schriftlich angeben, zu welcher zeit und in welcher grösse er seinen kanon abzutragen habe. 2) Die eigens bestellten verwalter der dompropsteigüter sollen am ersten tage jeden monats (singulis mensibus sequenti die) vor dem propst, dem scholasticus, dem herrn von Hagenau und dem oblaiens rechnung ablegen. 3) Der dekan soll am sitz des bischofs bleiben und mit ihm die diöcese in spiritualibus et temporalibus regieren; wo nicht, so soll er abgesetzt werden. 4) Die in Eichstätt weilenden kanoniker sollen den verpflichtungen ihrer pfründe genügen; sind sie nachlässig, so hat der domdechant nach den gewohnheiten Eichstätts und der benachbarten kirchen gegen sie einzuschreiten. Die kanoniker, welche mit erlaubniss des kapitels sich vom bischofssitz entfernt haben und zur bestimmten zeit nicht zurückkehren, verlieren ihr einkommen an das kapitel. Letzteres darf aber keinem kanoniker öfter als zwei- oder dreimal im jahre eine entfernung gestatten. 5) Das einkommen derjenigen kanoniker, welche die residenzpflicht gänzlich missachten und die obliegenheiten ihrer pfründen nicht verrichten, soll, wie schon früher (durch ein verloren gegangenes statut) bestimmt worden, an den meistbietenden überlassen und das erhaltene unter die pflichttreuen kanoniker gleichheitlich vertheilt werden, venditis et empticlis praebendis exclusis, qui (!) nullam percipiunt consolationem. Ferner wird angeordnet, dass alle jene, welche den pfründeertrag eines abwesenden sich zu nutzen gemacht, dem kapitel genugthuung leisten sollen, wofern sie nicht der gleichen strafen mit dem detentor oblaiorum verfallen wollen. Bei überlassung von pfründevermögen an andere hände, bei verkauf desselben oder bei seiner verwendung zu gunsten der kanoniker soll die entscheidung dem bischof zustehen. Jedem kanoniker ist das einkommen des sterbejahres nach dem herkommen und im falle des bedürfnisses oder bei beabsichtigter verwendung für kirchliche zwecke noch das einkommen eines zweiten jahres aus besonderer gunsterweisung zu verabreichen (ordinamus et statuimus, quod cuilibet fratri decidenti annus graciae inviolabiliter primus consuetus, secundus vero, si necessitate debitorum urgeatur, similiter pro debitis ipsius et ad utilitatem ecclesiae convertendi liberam habeat facultatem); niemals aber soll der ertrag des gnadenjahres vor dem dreissigsten tag an irgend jemand extradirt oder zu irgend etwas ausgegeben werden, sondern von dem, was auf jeden tag trifft, sollen die verwandten und freunde desselben gottesdienste halten lassen (praeterea post cujuslibet fratris defuncti et non ante stipendium suum tricesimum diem videlicet non distrahatur nec vendatur, sed ipsius memoria a propinquis suis ac proximis amicis ex proventibus stipendii ipsis diebus praefixis celebretur). Acta sunt haec anno Domini medij praeposito majori (Alberto) ab aministracione praepositurae suae remoto et aministracione assignata capitulo. — Aus dem pontifikalbuch (Jundekar's II.   [506]

Bischof Heinrich von Eichstätt beurkundet gemeinschaftlich mit dem domkapitel und dem grafen Gebhard von Hirxperch, dass die gebrüder Hadebrand und Marquard von Arns·

5*

berg vor ihm erklärt hätten, dass sie auf die vogtei des deutschen hauses zu Ellingen,
auf dessen besitzungen, leute und güter kein recht haben und dass sie dem recht,
das sie etwa haben könnten, entsagen. Zeugen: Heinricus et Arnoldus de Encke-
ringen, Denboco (!) de Milnhart, Cvnradus de Buabouen, Vlricus judeamanus, Heinricus de
Hofstetten, Berhtoldus dictus Hatinger, Heinricus et Fridericus de Wommendingen,
Vlricus Gerhordesdorf, Otto de Zando, Wernherus Growel, Heinricus de Vtelhouen,
Berhtoldus pincerna de Thegeningen, Fr. dapifer de Sulzbach, Heinricus dictus Heue-
strit, Heinricus molen, Burchardus de Yrenfridesdorf ... dictus Gvnzelinus de Thal-
mezingen, milites. Gotfridus et Cunradus fratres de Pemmenuelt, Heinricus judex Eistetensis, Golfridus, Vlricus et Berhtoldus fratres sui, Hertwicus aduocatus, Hermannus
de Wachencelle preco, Schezelinus dictus Imme. Albertus frater suus, Cvnradus dictus
de Wizenburch, civis Eistetensis. Act. 1253 ij. kal. martii in civitate Eistetensi. —
Brandenb. usurpationsgesch. pag. 229.   [507]

1253
April 4
und 6 | Eichstätt eignet dem kloster Ahausen, welches das patronatsrecht der kirche in Tann besitzt, die
einkünfte dieser kirche. Act. apud Eisteten prid. non. april., dat. VII id. april. —
Lang, Reg. boic. II, 31.   [508]

Juni 22 | (Anagni) Papst Innocenz IV verleiht einen ablass für die gläubigen, welche die Eichstätter dom-
kirche am feste des heil. Willibald und am jahrestage der kirchweihe besuchen. —
Aug. 9   Popp, Cod. Monac. pag. 433.   [509]
und 26 | Eichstätt eignet auf bitten des Golfrid von Solzbürch, stiftera des klosters Seldenporten (Seligen-
porten) den frauen dieses klostera den zehent in Menige (Müning), den sie von Mar-
quard von Mäzzingen um 75 pfund denare erkauft hatten. Act. V id. augusti, dat.
apud Eistett VII kal. sept. — Lang, Reg. boic. III, 34.   [510]

Aug. 0 | . . . .   siegelt sammt seinem domkapitel eine urkunde des bischofs Hermann I von Würzburg,
(von Eichstätt)   worin der letztere zu wissen thut, dass zwischen den beiden bischöfen unter zustimmung ihrer kapitel folgender gütertausch vorgenommen worden sei: Die Eiste-
tischen güter in Zutzeleibe, die propter malitiam hominum nur wenig ertrag lieferten,
wurden an die kirche zu Würzburg als eigenthum überlassen; dagegen bekam Eistet
den bisher Würzburgischen zehent in Frickenhausen von einem bezeichneten punkto
des Odehsaenberges angefangen den Main entlang bis über den weinberg der nonnen
von Maidenbrunn (monasterii fontis virginum prope cessin calcis) hinaus; dessgleichen
werden achtzehn jauchert weinland, das Eistet selbst bebaut und wovon es statt des zehents
jährlich eine prekarie an Würzburg entrichtete, von dieser prekarie, von zehent und
allen anderen diensten für immer entbunden; endlich erhält Eistet die vollmacht, gegen
begebung eines feierlichen jahrtags für bischof Hermann von dem grafen von Otingen
oder von irgend jemand anderem, den Würzburg mit weinzehent belehnt hat, solchen
weinzehent bis zum mass von zwölf fässern für sich zu erwerben. Act. anno MCCLIII
mense augusti indict. XI anno pontificatus nostri (scil. Hermanni) XVIII. — Pergamentdiplomatar des Eichst. domkap. pag. 6b. Daraus Popp, Diplomat. capituli Eystett. ad
1254   hunc ann.   [511]

März 30 | Mörnsheim inkorporirt dem kloster St. Peter zu Wilzeberch (Wülzburg), das wegen der ungünstigen
verhältnisse im lande und durch feindliche überfälle in armuth gerathen war, die kirche
in Wetelsheim, jedoch so, dass der gegenwärtige priester an derselben bis zu seinem
tode in den bezügen verbleibe und nach dessen tod ein geeigneter vikar aufgestellt
werde. Act. et dat. apud Mörensheim anno Domini 1253 III kal. aprilis, pontificatus
nostri anno VIII. Mitgesiegelt vom kapitel zu Eystet. — Kopialbuch I des klosters
Wilzburg fol. 18b im königl. archiv zu Nürnberg. Popp, Cod. Monac. pag. 401.
Falkenstein, Cod. dipl. Norimb. pag. 57 nr. 43. Jung, Antiquit. Wilsburg. pag. 16.
Stieber, Historische und topographische nachricht von dem fürstenthum Brandenburg-

Onolzbach pag. 946. Nehr, Gesch. des klosters Wilzburg im 13. jahrcsber. (1843) des
histor. vereins zu Ansbach pag. 3. Lang, Reg. boie. III, 43. [512]
Bestätigt durch papst Alexander IV: Viterbo 1257 aug. 9 vid. Falkenstein, Cod. dipl. Norimb.
pag. 59 nr. 46. Jung, Antiquit. Wilzb. pag. 18.

Stieber, historische und topographische nachricht von dem fürstenthum Brandenburg-Onolzbach
schreibt pag. 979: „Kayser Konrad IV begabte etliche wenige tage vor seinem absterben im jahre
1254 († 20 mai) das kloster Wülsberg mit denen pfarren zu Wettelsheim, Hansson (Weyboldshausen) und Flohenstatt mit genehmhaltung des damaligen diocecsani, bischof Heinrich's zu Eichstett". Pag. 946: „So viel die denen heil. Martin, Nicolaus und Leonhard geweyhte kirche (zu
Wettelsheim) angehet, so ergibt sich, dass solche mit dem dazu gehörigen pfarrrecht im jahre 1254
von bischof Heinrichen zu Eichstett mehrangeregtem kloster per donationem übergeben worden." —
Diese übergebung wurde 1257 von papst Alexander IV genehmigt vid. Stieber pag. 946.
Pag. 945 bemerkt Stieber nochmals: „Im jahre 1397 wurde die kirche in Wettelsheim dem kloster
zu Wülzburg unilret und diese vereinigung eodem anno von papst Bonifacius IX bestätiget".

1255
Jan. 31 (Eichstätt) Graf Albert von Dillingen bekundet, dass durch seine vermittlung bischof (Heinrich IV)
von Eichstätt dem grafen Heinrich von Hennenberch das lehen des herrn von Sternberch, welches durch dessen tod dem bischof heimgefallen war, für 150 mark silber
übertragen habe. Der bischof stellt jedoch die bedingung, dass der graf von Hennonberch das honiglehen, welches er von bischof Hertwik von Eichstätt besass, aufgibt
und vorbehält sich seine und des stifts leute, die waldung Northolz und andere
besitzungen (im Glichforst und) im Grapvelt mit ihren einkünften. Act. Eistet 1255
pridie kal. febr. (vid. Reg. boie. III, 55.) — Urkunde im archiv zu Bamberg;
desgleichen in einem manuscriptenband fol. 231 im histor. verein zu Würzburg.
Braun, Gesch. der grafen von Dillingen und Kiburg pag. 103. Heyd, Gesch. der grafen
von Grüningen pag. 28. Historische abhandl. der bayer. akademie der wissenschaften
V. 474. Stälin, Wirtemb. gesch. II, 497 (regest vom neben verzeichneten tag). Lang,
Reg. boic. III, 55. [513]
Vergl. unten 1264 mai 26.

Febr. 16 („ „) Albert von Tanhausen beigenannt Rauber, domherr in Eichstätt, schenkt bei seinem eintritt in den Deutschherrnorden der seligaten Jungfrau und dem
heil. Willibald zum altare der heil. Afra seine hörigen leute und zwar in der weise,
dass jeder volljährige jährlich 5 denare auf den erwähnten altar opfere, weil sich daselbst die begräbnisstätte der adeligen kanoniker und ministerialen befindet. Dat. et
act. anno Domini 1255 XIV kal. maj. in choro Eystett. coram altari beatae Virg. (die
betr. urkunde ist vom domkapitel ausgestellt.) — Falkenstein, Cod. dipl. Eyst. pag.
48 nr. 40. Confr. Fürth, Die ministerialen pag. 104 und 136. [514]

März 19 (Mörnsheim) Bisch. Heinr. hat seine einwilligung gegeben, dass drei von den töchtern des herrn Wernher
von Slavgenhouen, nämlich Richenso, Dimud und Gertrud, welche zur kirche Eystett gehörten, in lehensabhängigkeit vou dem freien manne Heinrich von Sevelt eintreten, wofür der
letztere gestattet, dass die männer der genannten frauen, nämlich Godefrid von Awingen,
Wenhard von Guntringen und Ulrich genannt Brenner, die ihm gehörten, zugleich
auch ministerialen von Eichstätt werden, mit der bedingung, dass die männlichen
nachkommen gleichheitlich getheilt werden sollten. Bei ungleicher zahl sollte der letzte
knabe dem stifte Eystett und dem Heinrich von Sevelt gemeinschaftlich verbleiben.
Vollzogen in gegenwart des priors von Kaisheim, des magisters und bischöflichen kaplans Burchard, des magisters Josaphat, des kanonikus Konrad von Herrieden; der
herrn Reymbotto und Albert von Witensheim, des miles H. von Houecteten und des
F. milles von Wendingen. Act. et dat. apud Moernsheimb 1255 XIV kal. april. (die
urkunde ist von Heinrich von Sevelt.) — Falkenstein, Cod. dipl. pag. 47 nr. 38. Popp,
Cod. Monac. pag. 77. Confr. Fürth, Die ministerialen pag. 432. [515]

Juni 10 Eichstätt bestätigt die schenkung, wodurch Wolfher von Sigesberch und Hedwig, dessen gemahlin,
nebst ihren kindern Gotefrid, Hedewig, Gertrud und Adelheid das patronatrecht an

6

		der bisher unbesetzt gebliebenen pfarrkirche Hurelbach dem kloster Wilzeburg überlassen und weist diese kirche dem genannten kloster zur besorgung zu. Mitsiegler: das domkapitel. Act. et dat. in chorn Eistet anno Dom. 1255 V id. jun. pontificatus anno IX. — Doppelt vorhanden im kopialbuch I fol. 216 des klosters Wilsburg, königl. archiv zu Nürnberg. Doppelt gedruckt bei Falkenstein, Cod. dipl. Norimb. pag. 57 nr. 44 und pag. 59 nr. 45. Jung, Antiquit. Wilzb. pag. 17. Popp, Cod. Monac. pag. 401. Lang, Reg. boic. III, 63. [516]
1255		*Als tag gibt das Wilsburger kopialbuch in Nürnberg an: IV id. jun. (10 jun.); Falkenstein dagegen: V id. jun. Das jahr ist bei Jung bezeichnet als annus pontificatus octavus, bei Falkenstein als nonus; auch Popp hat 1255.*
Juli 20	Dolnstein	wohnt sammt dem grafen Gebhard von Hirzperch den verhandlungen bei, als der miles Heinrich von Hofsteten von dem konvente in Rebdorf um 20 pfund heller einen hof in Espinloh kauft und sogleich wieder an die kirche des heil. Johannes in Rebdorf schenkt. Dat. apud Tollenstein XIII kal. aug. — Lang, Reg. boic. III, 65. [517]
1256		
Juni 11	Eichstätt	erhebt propter quasdam enormitates, quae a stultis hominibus saeppius attemptari solebant, nach vorausgegangener berathung mit religiösen männern und öffentlicher ankündigung des feierlichen aktes auf die oktave von pfingsten unter assistenz Siboto's, früheren bischofs von Augsburg und damaligen mönchs von Kaisheim, sowie in gegenwart aller prälaten und kleriker seiner diözese, unterstützt von zwölf predigerbrüdern und eben so vielen minoriten am 10 juni (IV id. jun.) des genannten jahres die reliquien des heil. Willibald aus der krypta der domkirche, wo sie auf einem altare geruht hatten, und stellt sie in einem vergoldeten sarge vier monate zur verehrung aus. Zu dieser feier wurden auch die gebeine des heil. Wunibald von Heidenheim und der heil. Walburga von Monheim herbeigebracht. — Eintrag des Konrad von Kastel in das pontifikale Gundekar's II. Abdruck im Eichst. pastoralbl. XI (1864), 97. Eine kopie durch Heinrich von Berching de anno 1401 mit historischen zusätzen ebenfalls im pontifikale Gundekar's. Vergl. bischof Philipp, De div. tutelnr. cap. XXXVIII und Gretser's observat. dazu bik. I cap. XXIII sowie Bolland. jul. tom. II pag. 497a; desagl. Popp, Anfang und verbreit. des christenth. pag. 209. [518]
		Die dies octava post pentecost. fiel anno 1256 auf den 11 juni; darum wird statt des im text genannten 10 juni der 11 zu setzen sein. Vergl. aber die nota zu nr. 520 dieser regesten.
		Obiger akt veranlasste das festum translationis St. Willibaldi, das anfangs jedesmal am sonntag nach pfingsten (die octava), seit einführung des fest. sanctissimae Trinit. am montag nach diesem letzteren begangen wurde.
Aug. 15	(Würzburg)	Auf einer versammlung der zu einem friedensbund geeinigten städte Mainz, Köln, Speyer, Strassburg, Basel, Heidelberg (?), Frankenwerd, Geilnhusen, Oppinhaim, Friedeberg, Boperd und Haginowe wird dem hochstift Eisteten der beitritt offen gelassen. — Pertz, Leges II, 380. [519]
Okt. 13	Eichstätt	Bischof Heinrich von Eichstätt setzt in gegenwart von vielen klerikern und laien den leib des heil. Willibald im schiffe der domkirche wieder bei. Acta sunt haec post obituum sancti Willibaldi quadringentis septuaginta quinque annis peractis. — Eintrag des Konrad von Kastel in das pontifikale Gundekar's II; abgedr. im Eichst. pastoralblatt XI (1864), 100a. [520]
		Am anfang seines berichtes hat Konrad von Kastel folgende chronologische angaben: „St. Willibaldus 745 episcopus Eistetensis factus est; sedit 36 annis, anno vero 781 mortuus est pontif jul. (7 jul.); in medio cryptae (worin sich Konrad wohl täuscht; vergl. den Anonym. Haserens. cap. 4 bei Pertz VII, 255 und nr. 90 dieser regesten) sepultus est VII id. jul. (9 jul.), ubi requievit 208 annis (also bis 989). Medio tempore Dominus Deus in laudem et honorem egregii confessoris sui multa patrasti fieri signa. Illa vero signa inclita cum a Leone papa VII (936 bis 939) satis esesnt examinata et coram eo probata et autenticata, laudabiliter canonisatus est (procurante venerabili patre domino Megengozzo; fügt Heinrich von Berching bei). Anno vero 989 de terra in crypta elevatus est et ibidem retro altare St. Viti sarcofagatus (i. e. auf einen anbau an der rück-

seite der menaa altaris; unter Gundekar II wurde dieser St. Vitusaltar erneist durch einen St.
Willibaldsaltar, vid. Pastoralbl. IX, 151b nr. 6 und 11). Ubi requievit 266 annis (bis 1256? Gretner
hat im Catalog. episcopor. unter Megengoz: requievit LXVII annis). Illis temporibus St. Willibaldus
multie vicibus manifestavit se, signa et (miracula) faciendo.

Als am 28 april 1744 der sarg des heil. Willibald geöffnet wurde, fand sich darin eine urkunde,
die durch Konrad von Kastel abgefasst und bei der translation von 1256 zu den reliquien gelegt
worden war. Darin sind die vorstehenden data ganz genau wiedergegeben, nur die zeit der ruhe
auf dem St. Vitusaltare wird etwas anders bestimmt; „Ibi requievit a] annis et cc annis et iv]
annis" (macht 267 jahre). Verner sagt dieses pergament, dass der (ehemalige) bischof Siboto von
Augsburg auch am 19 okt. nach Eichstätt gekommen. Cuuradus de Kastell dictus nunc canonicus
Eistettensis me scripsit felicia recordationis. Anni tunc suae sublimationis (d. h. seit der einsetzung
des heil. Willibald zum bischof der erst 745 errichteten diöcese Eichstätt) erant quingenti et undecim.
— Abgedr. bei Dannegartner, Aychstätzischer je länger je lieber pag. 101.

Ueber ein zweites ebenfalls am 28 april 1744 im sarg des heil. Willibald aufgefundenes pergament mit den gleichen aufzeichnungen von Konrad vid. unten 1269 juli 7.

Zum vierten male wiederholt Konrad seine chronologie im kalendarium des Gundekarischen
pontifikalbuchs. Für das verbleiben der reliquien auf dem St. Vitusaltare in der krypta sind wieder
267 jahre angenommen und zweimal wird auf die vielen vorgekommenen wunder verwiesen: „Eodem
vero anno (1256) Dominus Deus magnam gratiam ostendit signis multis et magnis faciendo. Acta
sunt haec post mortem St. Willibaldi annis 400 peractis 75a anno. Anno vero 79e plura fecit signa"
(vid. Pertz, Script. VII, 252).

Für die elevatio aus der krypta auf den altar des chores bleibt Konrad überall constant beim
10 juni (IV id. jun.).

Einzelnheiten über die erwähnten wunder erzählt wieder Konrad in seinem bericht über die
translation von 1256 (Pastoralbl. XI, 98) und im kalendarium des Gundekarischen pontifikalbuchs
(Pertz VII, 252); desgleichen bischof Philipp, De div. tutelar. cap. XXXVIII. Die erzählungen
Philipp's sind auch in die Bollandisten eingerückt.

Von den fremden, die damals nach Eichstätt kamen, wurden nach der summarischen rechnung
Konrad's 1404 pfund heller geopfert (1404 librae tam denariorum quam hallensium et obulorum
mixtim per totum); auch Veroneser münzen, also italienische wallfahrer fanden sich vor. Davon
wurde der dom zum theil mit blei gedeckt, der guss von zwei glocken bezahlt, manches besorgt,
was an den fenstern und an der decke (tabularium) des doms hergestellt werden musste, ein theil
dem princeps torrae (dem grafen von Hirschberg als vogt) überlassen, die kosten der feier von
1256 bestritten und das übrige als kirchengeld angeliehen. Acta sunt haec anno Domini 1255 et
56e (Konrad von Kastel in einem zweiten bericht, aus dem Gundekarischen pontifikale abgedr. im
Eichst. pastoralbl. XI, 100a).

1258 Febr. 22	(. . . . .)	erhält von dem grafen Mangold von Wilparch (Wildberg) und seinen söhnen M. und M. und mit zustimmung der Würzburger kanoniker B(ernhard) und H(einrich), der brüder Mangold's, die Wildburgischen besitzungen in Buchbrun zum ersatz für das lehen, das Mangold von der kirche Eystett in Pernrode innegehabt. Mitsiegler: der bischof von Würzburg; für das siegel des Mangold soll das seines bruders Marquard gelten. Zeugen: Hugo, kanonikus von Würzburg; Werner, notar; Cunrad, custos in Herrieden; Heinrich von Prantbe et alii quam plures. Act. 1258 VIII kal. mart. (graf Mangold urkundet). — Falkenstein, Cod. dipl. Eyst. pag. 48 nr. 41. Popp, Cod. Monac. pag. 104 (korrekturen zu Falkenstein). 　　　　　　　　[521] Lang, Reg. boic. III, 79 hat unter dem datum 1258 märz 1 folgendes regest: „Ulricus, Eistettensis episcopus, ecclesiae Herbipoleusi confert bona ecclesiae suae in Bernrode, a viro nobili Manegoldo de Willberg resignata, et pro recompensatione a dicto nobili villam Buchprunna recipit. Testis: Heinricus notarius domini episcopi, canonicus Herridensis. Act. kal. martii.
Mai 5	Eichstätt	weiht am sonntag nach Christi himmelfahrt die St. Willibaldskapelle und verleiht den gläubigen, welche in ihr beten und für sie almosen geben, einen ablass (quadraginta dies criminalium et annum venialium). — Kastler chronik bei Moritz, Die grafen von Sulsbach II, 112. 　　　　　　　　[522] Diese kapelle, welche man für die vorläuferin des Willibaldschores halten mag, wurde nach dem Eichst. pastoralbl. IX (1862), 152b von bischof Heinrich IV selbst erbaut
1259 Mai 13	„　„	Todestag des bischofs Heinrich IV.

6 *

Sede vacante anno 1259.

1259 Mai 15	Eichstätt	

Dompropst Albert, dekan Albert und das ganze kapitel vereinbaren sich unter ablegung eines körperlichen eides auf die reliquien der heiligen, vom künftigen bischofe die beobachtung der folgenden punkte zu fordern: 1) Wenn vom kapitel zur tilgung solcher schulden, die in Rom kontrahirt worden, geld verlangt wird, so hat ihm der bischof wieder vergütung zu leisten. 2) Der bischof darf gegen die leute des kapitels auf schlössern, landgütern oder kleinen anwesen (contra personas capituli castrales, villanas sive angulares) keine zensur verhängen, sondern muss sie in gegenwart des kapitels oder der ältesten im kapitel nach recht bestrafen. 3) Der bischof hat das dach der domkirche baulich herzustellen. 4) Er hat sich mit dem einfachen cathedraticum zu begnügen und darf von dem domkapitel zu zwecken der diöcese keine ungehörigen beiträge fordern (Falkenstein, Cod. dipl. Eyst. pag. 49 nr. 42 hat: Ut oxactiones aut procurationes indebitas per diocecsim a canonicis non requirat; im domkapitlischen pergamentdiplomatar pag. 9a dagegen steht: pro diocesal). 5) Er hat sowohl beim domkapitel als beim kapitel in Herrieden alle rechte und privilegien, immunitäten und freiheiten, die vollmacht zu testamenten oder legaten und alle gebilligten und guten gewohnheiten bestehen zu lassen und mag dabei auf die mitwirkung der genannten zwei kapitel rechnen. 6) Er hat sich nach möglichkeit zu bemühen, das wieder für das kapitel zu erwerben, was ohne dessen zustimmung unerlaubter weise verschleudert oder veräussert worden. 7) Er soll nicht seiner jurisdiktion zur beeinträchtigung des domkapitels oder der prälaten in der diöcese eine weitere ausdehnung geben (quod jurisdictionem praelatorum capituli sui sive diocesis non enervet). 8) Den kanonikern von Herrieden, welche nur auf den halben ertrag ihres pfründeeinkommens eingewiesen waren, solle er möglichst bald den vollen bezug verschaffen und nie in zukunft dem concil von Tours zuwider handeln (Falkenstein loc. cit.: Quod collectionem de mediis praedendis [praebendis!] in ecclesiam Herridicnsem factam personis adhuc integratione carentibus integrare, cum se primo facultas obtulerit, non obmittat, et de caetero in eadem ecclesia statutum Turonensis concilii observet; domkapitlisches pergamentdiplomatar: Quod collationem de mediis praebendis in ecclesiam Herridensis factam etc.). 9) Neubruchzehente dürfen nicht mehr an laien vergeben werden und wo es geschehen, soll der bischof sie wieder zurückerwerben und bei der pfarrkirche belassen, bis für dieselbe ein hof als widdum in stand gesetzt ist; aladann sollen zwei drittheilo des zehents dem bischof gehören, ein drittheil der pfarrei (Falkenstein: Quod decimas novales non conferat deinceps laico alicui, et si post easdem collatas ab eisdem absolvat et permittat apud ecclesias parochiales mansus excolatur, tunc duae partes episcopo cedant et tertia parochiae; domkapitlisches pergamentdiplomatar: Quod decimas novalium deinceps non conferat laico alicui et si potest easdem collatas ab eisdem absolvat et permittat apud ecclesias parochiales, donec mansus excolatur etc.). 10) Die an vier tagen des jahres, am gründonnerstag, am pfingsttage, am festo des heil. Willibald und an der kirchweihe im dome gesammelten almosen hat der bischof altem herkommen gemäss auf die domkirche verwenden zu lassen. 11) Die hauptleben, deren ertrag zwanzig mark übersteigt, soll der bischof selbst in händen behalten; was er über sie ohne zustimmung des kapitels verfügt, soll ungiltig sein. Ungiltig sollen auch lehensverleihungen an auswärtige sein, wenn sie der bischof ohne befragung des kapitels vornimmt; nur bei lehensvergabungen an die ministerialen der kirche Eichstätt soll der bischof für sich allein handeln können (Falkenstein: Feuda principalia quorum excedunt reditus XX marcharum in suis retinet manibus, et quicquid sine consensu

capituli fecerit, de eisdem sit irritum et inane. Idem quoque teneatur episcopus facere,
et de pactoribus feudorum circa personas extraneas, quod tamen in monasterialibus
ecclesiae nostrae locum obtinere nolumus; domkapitlisches pergamentdiplomatar;
Fonda principalia, quorum excedant reditus viginti marcarum etc. Idem quoque teneatur episcopus facere et servare de pactionibus feudorum circa personas extraneas,
quod tamen in ministerialibus ecclesiae nostrae locum volumus (nolumus!) optinere).
Auf alle diese punkte solle der gewählte sich eidlich verpflichten. Bricht er sein wort,
so hat jedes mitglied des kapitels das recht, gegen ihn klagbar aufzutreten (Falkenstein: Ipsum impedire poterit de perjurio; domkapitlisches pergamentdiplomatar: Ipsum
impetere poterit etc.), und die übrigen kapitulare sind vermöge ihres eigenen eides gehalten
dem kläger beistand zu leisten. Acta sunt haec in choro Eystetensi mccvliij id. maj. —
Pergamentdiplomatar des Eichst. domkap. und Falkenstein locis in textu citis [523]
Unter dem im achten punkte dieser wahlkapitulation erwähnten concilium Toronense muss
wohl das vom mai 1163 verstanden sein, dessen erster kanon lautet: „Majoribus ecclesiae bene-
ficiis in sua integritate manentibus indecorum nimis videtar, ut minorum clericorum praebendae
patiantur sectionem. Idcirco ut sicut in magnis, ita quoque in minimis membris aula firmatam
ecclesia habeat unitatem, divisionem praebendarum fieri prohibemus (Mansi XXI, 1178 und Har-
duin tom. VI part. II pag. 1596), eine bestimmung, welche auch das corpus juris canonici aufgenommen hat: C. Majoribus X de praebendis et dignitatibus (Decretal. Gregorii IX lib. III tit. V cap. VIII).

XXXIV. Engelhard 1259—1261.

Eine unbekannte hand schrieb in das pontifikale Gundekar's II: „Sedit 2 annis
minus 1 mense et obiit in concilio Moguntino". Thomas fügt das jahr dieses concils bei:
mcclxj; ein kalendarium des St. Willibaldschors nennt den sterbetag: die 4 maji (Porta,
VII, 251). Der tod Engelhard's war ein plötzlicher; sein grab fand er im dom zu Mainz
(Binterim, Conciliengesch. V, 29).

Hat der Anonymus im pontifikale die regierungsdauer Engelhard's richtig angegeben,
so muss dieser bischof im juni 1259 gewählt worden sein; früher als am 7 juni des genannten jahres kann er aber nach nr. 526 dieser regesten die infel nicht erhalten haben.

Ueber sein geschlecht findet sich keine angabe. Doch war er sicherlich jener
Engelhard, der im jahro 1232 oder 1233 als Eichstätter kanonikus nach Anagni kam
(vid. nr. 458 dieser regesten). Am 7 okt. 1244 unterzeichnet er sich in einer urkunde
des bischofs Friedrich II (vid. oben nr. 485) und am 10 märz 1254 in einer urkunde des
grafen Gebhard von Hirschberg (Popp, Bischofsregesten ad hunc ann.) als scholasticus
der kirche Eichstätt. Im jahro 1252 begegnet man indess auch einem scholasticus Ulrich
(vid. oben nr. 506).

Allenfallsige erwartungen Eichstätts, auf grund der entscheidung von 1243 juni 25
(vid. oben nr. 480) bei einer sedisvakanz in Mainz alle rechte des dortigen metropoliten
ausüben zu können, fanden sich getäuscht durch ein schreiben des papstes Alexander IV
vom 6 okt. 1260. Durch dasselbe wird nämlich für die krönung des königs Ottokar II
von Böhmen, die nach herkommen dem stuhle von Mainz zustand, von dem damaligen
erzbischof Werner aber wegen noch nicht stattgefundener konfirmation durch den apo-
stolischen stuhl nicht vorgenommen werden konnte, ohne erwähnung Engelhard's von
Eichstätt der bischof von Prag und in dessen verhinderung der bischof von Olmütz zum
stellvertreter berufen (Boczeck, Cod. dipl. Moraviae tom. III pag. 282 nr. 292. Raynald,
Annal. eccl. ad ann. 1260 nr. 17. Vergl. unten bei bischof Philipp dec. 1306).

Zum jahre 1261 berichtet die Kastler chronik (bei Moritz, Die grafen von Sulzbach
II, 113) über das erste auftreten der Flagellanten: „Quaedam surrexit secta hominum

7

flagellantium ad nudo corpore publice, inter quos heroais reparata fuit". Kamen ais auch
in die diözese?

Bischof Engelbard legte den grund zu dem gegenwärtig noch stehenden St. Willi-
baldschoro, konnte aber, durch den tod verhindert, den bau nicht vollenden (posuit fun-
damentum in choro sancti Willibaldi; vid. Thomas im pontifikale Gundekar's). Bruschius,
Epitome de omnibus Germ. episcopatibus und nach ihm Heusler, Templum honoris be-
richten irrig, Engelhard habe den ganzen dom umgebaut: „Summam basilicam ex imis
fundamentis reaedificavit bodle adhuc conspicuam, una cum choro sancti Willibaldi ad
occidentem, quem tamen successori absolvendum reliquit".

1260

Jan. 30 (Anagni) Papst Alexander IV empfiehlt dem erzbischof (Werner) von Mainz und dessen suffraganen,
das kloster Ebern gegen seine widersacher in schutz zu nehmen. Dat. Anagniae
III kal. febr. anno pontificat. VI. — Pergamentoriginal im königl. bayer. reichsarchiv,
kloster Ebrach Bamberger serie. Hocker, Hailsbronnischer antiquitätenschatz, urkunden
nr. 16. Lang, Reg. boic. III, 145. [524]

Febr. 11 Eichstätt Engelhard, bischof von Eichstätt und kanzler von Mainz, schenkt seinem domkapitel zur
aufbesserung der pfründen die kirche zu Inichingen, welche dermalen der propst Albert
innehat, unter vorbehalt der aufstellung eines vikars an besagter kirche. Dat. apud
Eystelen 1260 III id. febr. anno pontificatus I. — Pergamentdiplomatar des Eichst.
domkap. pag 18b. Lang, Reg. boic. III, 147. [525]

Juni 6 Ansbach? Von nebenstehendem datum existirt folgende inschrift: „Engelhardus Dei gratia episcop.
Eichstetten. Mogunt. sedis cancellarius consecravit hoc altare in honorem sancti Leo-
nardi confessoris et aliorum sanctorum anno Domini mill° CCLX VIII idus junij pontificatus ejusdem domini episcopi anno primo. — Pergamentoriginal mit siegel im
königl. bayer. reichsarchiv, stift Onolzbach. Kopialbuch des St. Gumprechtsstiftes im
königl. archiv zu Nürnberg. Falkenstein, Cod. dipl. Norimb. pag. 59 nr. 47. Jung,
Miscellan. II, 126. Regesten zur gesch. der stadt Ansbach im XXXIII jahresbericht
des histor. vereins von Mittelfranken pag. 148. Lang, Reg. boic. III, 151. Sax, Gesch.
des hochstifts und der stadt Eichstädt pag. 494. [526]
Sehr wahrscheinlich ist gemeint der altar der St. Leonhardsvikarie in der Gumprechtskirche
zu Ansbach. Sax dagegen ergänzt loc. cit.: „Altar in Würzburg".
Statt mccix viii idus junij haben Jung und das St. Gumprechtsche kopialbuch: mcclxviii idus
junij (13 juni).

Juli 7 Eichstätt Bischof Engelhard zu Eystet beurkundet, dass Ludowic genannt von Uffenheim, kanoniker
zu Eystet, auf alle seine rechte und ansprüche an einen weingarten zu Randersacker
verzichtet habe, den seine eltern laut eines briefes des bischofs Hermann zu Würzburg
an das kloster Halsprunn verkauft haben. Dat. apud Eystet 1260 in die sancti Wili-
waldi. — Heilsbronner kopialbueb 1 fol. 250b im königl. archiv zu Nürnberg. Lang,
Reg. boic. III, 153. [527]

Sept. 24 . . . . . Engelhard bischof von Eistet und kanzler von Mainz bekundet, dass der Eichstätter
ministeriale Gotfrid von Pierebingen einen hof in Tanhaim um 24 pfund heller an das
kloster Enstorf verkauft habe. Zeugen sind ausser dem urkundenden bischof: Chrno abt
von Castell. C. von Castell, domherr in Eistet. Otto, ritter von Zant; die brüder
Albert und Ulrich von Emmendorf; Albert von Witenshaim; Chuurad Jocco; Albert,
camerarius von Castel et alii quam plures. Act. MCCLX VIII kal. octobr. anno pontificat. II. — Mon. boic. XIV, 46. Lang, Reg. boic. III, 158. Meiler, Mundimiraculum
seu St. Otto monasterii Enedorf. praecipuus fundator pag. 344. [528]

1261

Febr. 23 Eichstätt inkorporirt dem kloster St. Walpurg in Eistet die pfarrei Dietfurt (Oberndietfurt). Dat.
apud Eistett VII kal. mart. anno pontificatus II. — Lang, Reg. boic. III, 165. [529]

sine anno et die . . . . . verleiht den besuchern der St. Willibaldskapelle die nämlichen ablässe, wie sein vorgänger. —

1261 anfangs Mai	Mainz	Kastler chronik bei Moritz, Die grafen von Sulzbach II, 112. Eichst. pastoralbl. IX (1862), 152b. Confr. nr. 522 dieser regesten). [530] erscheint zu einem theils auf mahnung des papstes Alexander IV dd. 1260 nov. 17 wegen der Tartarennoth, theils zur aufstellung von reformstatuten durch erzbischof Werner von Mainz berufenen concil. [531]
Mai 4	" "	Sterbetag des bischofs Engelhard.

XXXV. Hildebrand von Mern 1261—1279.

Drei verschiedene hände geben im pontifikale Gundekar's II notizen über die person Hildebrand's. Die eine bringt bloss chronologische zahlen: Sedit xviii annis minus iiii mensibus (also 17 jahre und 8 monate) ot obiit in crastino annunciacionis (26 märz). Thomas fügt zum sterbetag das sterbejahr hinzu: mcclxxviiii, und bemerkt des weitern, Hildebrand sei ein mann von freier geburt aus Mern gewesen: natus fuit de Mern liberae condicionis (vid. Pertz, Scriptor. VII, 251). Wieder als eintrag eines nicht ermittelten autors steht ferner im kalendarium des pontifikalbuchs: mcclxxiiii vii kal. april. Hildebrandus de Mern episcopus Eystetensis obiit (vid. Pertz VII, 252).

Nach obigem „sedit xviii annis minus iiii mensibus" müsste Hildebrand schon im juli 1261 bischof geworden sein, was unrichtig ist. Aus einer urkunde vom 20 dec. 1269 berechnet sich nämlich, dass der 20 dec. 1262 noch zum ersten regierungsjahr Hildebrand's gehörte, der 20 febr. 1263 aber gehört zu dessen ~~drittem~~ jahr. Mithin muss der regierungsantritt, das heisst die wahl dieses bischofs in die zeit vom 20 dec. bis 20 febr. fallen.

Buchner (Gesch. von Bayern V, 130) verwechselt Mern, eine ortschaft bei Pappenheim, welche zum ersten male in einer urkunde des kaisers Friedrich II vom 10 dec. 1215 vorkommt, mit Mern. Hildebrand seinerseits aber wird schon vor seiner besteigung des bischöflichen stuhles öfters in urkunden genannt; so 1241 aug. 29 als canonicus Eistetensis; 1244 okt. 7, 1245 juli 18, 1248 mai 30, 1251 okt. 24 als archidiakonus.

Für die weltliche seite der bischöflichen gebiete war es von bedeutung, dass könig Rudolf I zur zeit des bischofs Hildebrand die gesetzgebung des kaisers Friedrich II erneuerte, und zwar: 1) Nürnberg 1274 nov. 21 alle privilegien Friedrich's II für die geistlichen fürsten (Pertz, Leges II, 401. Böhmer, Regesten des königs Rudolf I nr. 134); 2) Speyer 1275 märz 12 die konstitution Friedrich's II vom april 1232 gegen die autonomie der bischöflichen städte (Pertz, Leges II, 401 sq. Böhmer, Regesten des königs Rudolf nr. 159); 3) Speyer 1275 märz 13 das privilegium, das Friedrich II am 26 april 1220 verlieh und im nov. 1234 konfirmirte (Falkenstein, Cod. dipl. Eyst. pag. 61 nr. 61. Böhmer, Regesten des königs Rudolf).

Kirchliche institute entstanden in der diözese Eichstätt unter bischof Hildebrand folgende: 1) das franziskanerkloster in Ingolstadt, das Ludwig II der Strenge, pfalzgraf am Rhein und herzog in Oberbayern 1275 mit zustimmung des bischofs Hildebrand baute (Mederer und Gerstner, Gesch. von Ingolstadt, ersterer pag. 26, letzterer pag. 20); jedoch liegt eine urkunde von Hildebrand nicht vor. 2) Im jahre 1276 bekannten sich mehrere frauen in Ingolstadt zur regel des heil. Franziskus; dadurch entstand das kloster Gnadenthal (Mederer pag. 27 und Gerstner pag. 21). 3) Hildebrand selbst gründete 1276 das kollegiatstift am St. Willibaldschor (vid. unten nr. 595 dieser regesten). 4) Das dominikanerkloster in Eichstätt, welches durch Sophia, schwester Ludwig's des Strengen und seit 1258 gemahlin des grafen Gebhard V von Hirschberg erbaut wurde und 1289 ihrer leiche eine ruhestätte bot (vid. Necrologium fratrum praedicatorum in Eyst. im archiv des domkap. daselbst pag. 50).

7*

1261 Juni 16	Hagabrunn	Bischof Hildebrand von Eichstätt weiht zum andernmale die kirche in Hagabrunn zu ehren des heil. Egidius und des heil. bischofs Nikolaus. — Gedenkbuch von Hagabrunn.
1262 Febr. 11	Regensburg	Eichst. pastoralbl. IX (1862), 185. [532] chof Hilteprand von Eichstätt wird als schiedsrichter und siegler genannt in einer urkunde des abtes Wernher von Prüfening und seines konventes, laut welcher die differenzen Wernher's mit Chunrad von Hohenvels und mit Heinrich, ehedem propst von Hebdorf, geschlichtet wurden. Zugegen waren ausserdem Friedrich abt von Halsprunne; Ulrich scholasticus von Eichstätt und Heinrich, kanonikus von ebendort. Act. apud Ratisponam V id. febr. — Verhandl. des histor. vereins von Oberpfalz und Regensb. XXIII, 94. [533]
März 9	(Eichstätt)	Der freie mann Ulrich von Warberg schenkt aus eigenem guten willen den Konrad Crafftu, den Hermann und alle andern zum schloss Dürnwang hörigen, zuvor aber dem Warbergischen lehensmann Heinrich von Dinckelspiel zugewiesenen leute, der seligsten Jungfrau und dem heil. Willibald zur kirche Eystett. Act. et dat. Eystet. 1262 VII id. mart. — Falkenstein, Cod. dipl. Eystet. pag. 60 nr. 43. [534]
Sept. 10	(Heidenheim)	Der abt von Heidenheim und sein konvent bekennen, jährlich am feste des heil. Willibald zu einem reichniss von vier pfund pfeffer an den bischof von Eystett in recognitionem veri dominii verpflichtet zu sein. Dat. apud Heidenheimb 1262 IV id. sept. — Falkenstein, Cod. dipl. Eyst. pag. 60 nr. 44. Schütz, Corp. histor. Brandenb. abhandl. IV pag. 87. [535]
Nov. 27	Eichstätt	Bischof Hildebrand von Eichstätt verleiht einen ablass für diejenigen, welche zur fabrica der Augustinerkirche in Pettendorf (diözese Regensburg) einen beitrag leisten würden. Dat. Eistet V kal. decembr. anno pontificatus 1. — Lang, Reg. boic. III, 190. [536]
1262?	. . . . .	Bischof Hildebrand von Aistet verleibt allen denen, welche den aufbau des klosters der minderen brüder in Nürnberg werkthätig unterstützen würden, einen ablass von vierzig bis hundert tagen. — Pergamentoriginal im königl. bayer. reichsarchiv in München. [537] Die urkunde Hildebrand's enthält weder den ort noch das jahr und monat der ausstellung; im repertorium jedoch und auf der urkundenstektur steht: circ. 1262.
1263 Febr. 20	Eichstätt	Hildebrand, von Gottes gnaden bischof von Eistet und kanzler von Mainz, vidimirt auf ansuchen des dekans Albert von Plienvelt und des domkapitels eine kopie der urkunde Gundekar's II vom 2 april 1068 über seine schenkungen zur St. Johanneskapelle und bestätigt auch seinerseits diese stiftung. Act. et dat. mcclxiii X kal. marcii anno pontific. secundo. — Pergamentdiplomatar des Eichst. domkap. pag. 2b, abgedr. im Eichst. pastoralbl. III (1856), 161. [538]
Sept. 6	Eichstätt	Bischof Hildebrand zu Eystet inkorporirt dem kloster zu Heydenheim die pfarrkirche daselbst und erhält zum ersatz von dem genannten kloster das patronatsrecht in Stetten. Mitsiegler: Das domkapitel zu Eystet. Dat. apud Eystet 1263 nonas (!) septembris. — Kloster Heidenheimer kopialbuch fol. 1 im königl. archiv zu Nürnberg. [539]
„ „	(Heidenheim)	Abt Burkhard von Haidenheimb bekundet, dass er und sein konvent das patronat der beiden pfarrkirchen (!) zu Stetten frei von aller vogteilast dem bischof Hildebrand von Eystett übergeben habe, wofür der bischof dem abte und seinem konvent das patronat an der kirche zu Haidenheimb überliess. Dat. apud Haidenheimb 1263 nonis septembris. — Falkenstein, Cod. dipl. Eyst. pag. 51 nr. 46. Popp, Cod. Monac. pag. 83. [540] Die päpstliche bestätigung zu dem in dieser und der vorhergehenden nummer berichteten tausch vid. unten 1267 märz 10.
„ 13	Eichstätt	Hildebrand, von Gottes gnaden bischof von Eistet und kanzler von Mainz, stellt den Augustinereremiten zu Schönthal für alle diejenigen, welche zum neubau ihres klosters beiträge leisten würden, einen ablassbrief aus. Dat. apud Eistet 1263 idus (?) sept. anno pontific. II. — Mon. boic. XXVI, 17. Lang, Reg. boic. III, 212. [541]
1264 Febr. 2	. . . . .	Elisabeth, wittwe des edlen mannes Konrad von Trenel gibt zu ehren Mariens und des heil.

1264 April 1	(. . . . .)	Willibald ihre und ihres mannes hörige leute an die kirche zu Eystett, jedoch unter der bedingung, dass bischof Hildebrand und seine nachfolger dieselben immer bei ihrer kirche belassen. Dat. et act. 1264 in purific. beatae Mariae virg. — Falkenstein, Cod. dipl. Eyst. pag. 52 nr. 47. [542]
		Die brüder Ulrich und Burckard, ritter von Waissenburg, schenk dem bischof Hilteprand und der kirche Eystett ihre güter in Mistelbach sammt dem schloss, das sie darauf erbaut, und allen zugehörigkeiten und rechten und nehmen es vom bischof wieder zu lehen für sich und ihre sowohl männlichen als weiblichen nachkommen. Zeugen: Albert dompropst; Albert dekan; Ulrich scholasticus; Heinrich custos; Hilteprand von Hagenaw; Heinrich plebanus; Ulrich von Nidlingen; Konrad von Kastel. — Falkenstein, Cod. dipl. Eyst. pag. 52 nr. 48. [543]
Mai 26	(Henneberg)	Die grafen Hermann und Bertold von Henneberg verzichten, da sie von bischof Heinrich mit den durch den tod des Albert von Sternberg an das hochstift Eichstätt heimgefallenen gütern belehnt worden, auf das bonigleben, welches zuvor von dieser kirche innegehabt und entlasten dieselbe von der reichung dieses bonigs. Dat. Henneberg 1264 VII kal. jun. — Manuskriptenband des histor. vereins zu Würzburg fol. 231. Falkenstein, Cod. dipl. Eyst. pag. 52 nr. 49. Lang, Reg. boic. III, 225. [544] Vergl. oben nr. 513 dieser regesten bei 1255 Jan. 31.
Juni 6	(. . . . .)	Auf das zeugniss des bischofs Hildebrand von Eichstätt anerkennen der kämmerer Arnold, der schultheiss Godebold, die richter, der rath und die gesammte bürgerschaft von Mainz, dass die bürger von Nürnberg, wenn sie mit ihren waaren zur messe nach Mainz kommen, nach kaiserlichem und königlichen privilegien von allem zoll frei sind und nur jährlich ein pfund pfeffer (exhibita utrimque singulis annis una libra piperis) und ein paar weisse handschuhe zu liefern haben. Act. in crastino beati Bonifacii. — Lang, Reg. boic. III, 227. [545]
Aug. 23	. . . . .	Hilteprand bischof von Eystet und kanzler von Mainz erklärt, die zehenten im dorfe Swinach, die schenk Walther von Cldingenberg als lehen von der kirche Eichstätt innegehabt, nun aber um 148 pfund heller, die er Dominikanernonnen zu Engelthal verkaufen wollte, mit zustimmung seines kapitels an das genannte kloster als eigenthum zu überlassen, wofür Walther zwei höfe in Breitenbrunne an den bischof abtritt, sie aber wieder als lehen zurückerhält. (Zeugen sind angedeutet, aber nicht genannt.) Act. meclxiiij x kal. sept. anno pontific. III. — Pergamentdiplomatar des Eichst. domkap. pag. 19b. [546]
1265 April 7	Mörnsheim	Hilteprand bischof von Eystett und kanzler von Mainz bekundet, dass sein ministeriale der ritter Heinrich von Bünnese auf sechs pfund heller, die er längere zeit von dem ritter Wilhelm von Dörnberg als pfand bezog, die aber Wilhelm aus Eichstättischen ihm ebenfalls pfandweis überlassenen gütern in Teckingen bezahlte, zu gunsten der kirche Eichstätt freiwillig verzicht geleistet habe. Dat. et act. Mörensheimb 1265 VII id. april. — Falkenstein, Cod. dipl. pag. 63 nr. 50. [547]
Juni 16	(Hüttingen)	Berthold, graf von Greifsbach, anerkennt die lebenseigenschaft nachstehender güter, die seine vorfahren von der Eichstätter kirche empfangen haben: die halbe burg Greifsbach, die beiden Holzanhaen, das patronatsrecht in Morochshein, zwei weinberge in Lechesgemünde, das patronatsrecht und den ort Phlabeheim, das markt- und zollrecht in Altheim, das patronatsrecht in Gundelsheim, den zehenten in Ettenstat, die advokatie über die güter des St. Walburgsklosters Mawenhelm jenseits der Donau d. i. in Bethmos und Barre etc., dann über die güter, die das Walburgskloster zu Eichstätt jenseits der Donau besitzt, nämlich in Gemphingen u. s. w. und über güter bei Holzheimerbach, nämlich in Obernbarchlheim, Oexheim und Stadelon, dann höfe in Erlinhul, Liuthartshoven, Itenaheim, 6 höfe bei Eistet und mehrere andere. Dat. et act. apud Hüttingen (bei Neuburg) 1265 XVI kal. julii. — Pergamentdiplomatar des Eichst. domkap. pag. 10b. [548] Falkenstein, Cod. dipl. Eyst. hat das jahr 1085 und einen sehr inkorrekten text.

8

1265
Okt. 0 . . . . . Hiltbrand bischof von Eistet und sein kapitel genehmigen auf bitten des Ulrich von Solz-
perg, dass Kunigund, die tochter des ritters und Eichstättischen ministerialen Wernher
Gruel, mit Wirnto von Pragepach, dem hörigen Ulrich's von Solsperg, sich vermähle,
jedoch unter beifügung der bedingung, dass die kinder aus dieser ehe gleichheitlich
getheilt werden sollen. Act. et dat. 1265 mense oct. anno pontific. IV. — Pergamentoriginal mit siegeln im königl. beyer. reichsarchiv in München, hochstift Eichstädt.
Popp, Cod. Monac. pag. 77 und 202 und zwar pag. 202 Cirvel statt Gruel.   [549]

Dez. 8 (Hailsbrunn) Burggraf Friedrich von Nürnberg gibt das officium seu praedium in Hadwarstorff, das an
den tafelgütern des bischofs von Eystett gehörte, aber dem burggrafen und seinen vorfahren für ein darlehen von 130 pfund Nürnberger heller als pfand überlassen worden
war, aus freiem antrieb an bischof Hildebrand zurück; der bischof aber gestattet seinerseits dem burggrafen sowie dessen gemahlin Elisabeth und dessen schwester Adelheid,
wittwe des pfalzgrafen von Orttenberch, für lebenszeit den niessbrauch jenes gutes in
Hadwarstorff und eines zweiten gutes in Brunst, das für 24 pfund heller an Nürnberger
bürger verpfändet war, sammt ausübung des patronatsrechts in Hadwarstorff, ebenfalls
auf lebensdauer. Burggraf Friedrich nimmt jedoch dabei wieder die verpflichtung auf sich,
binnen zwei jahren alles zurückzuerwerben, was von Hadwarstorff und Brunst je ab-
handen gekommen, insbesondere die dortigen vogteirechte, die graf Ludwig von Oettingen als lehen von Eystet besass, aber wieder an die herrn von Leonrod übertragen
hatte, und zur rückkaufssumme die hälfte beizusteuern; die andere hälfte müsse der
bischof bezahlen. Zu weiterer anerkennung überlässt Friedrich dem bischof Hildebrand
den kirchensatz an der kapelle in Reinhartshoven. Zeugen: Der abt von Hailebrunn,
bruder Konrad dekan von Landshuet, monachi. Heinricus de Domo (von Hausen?),
Konrad von Herzogehouo, Wirento von Mern, schenk Heinrich von Ahrberg, milites.
Meinward von Mur, Hartmann vogt von Arenbyre et alii quam plures. Dat. et act.
1265 VI id. dec. in claustro Hailebrunn. — Original im königl reichsarchiv in München.
Montum. Zollerana, urkunden der fränkischen linie nr. 105. Falkenstein, Cod. dipl.
Eyst. pag. 64 nr. 51. Oetter, Gesch. der burggrafen von Nürnberg, zweiter versuch
pag. 461. Popp, Cod. Monac. pag. 52.   [550]

In seinem Cod. dipl. Norimberg. pag. 64 nr. 54 hat Falkenstein diese urkunde nochmal, aber
1267   mit dem falschen datum: 10 dec. (IV idas dec.)

März 10 (Viterbo) Papst Clemens IV bestätigt den patronatstausch, den bischof Hildebrand von Eichstätt
und das kloster Heidenheim im jahre 1263 bei den kirchen zu Stetten und Heidenheim
mit einander gemacht haben (vergl. nr. 539 und 540 dieser regesten). Datum Viterbi,
VI id. mart. anno pontific. III. — Laug, Reg. boic. III, 283.   [551]

Mai 22 Ehingen Hildebrand bischof von Eistet und kanzler des stuhles von Mainz überlässt dem Deutschordenshause in Otingen (Oettingen) 2 theile des zehenta in Worenvelt in der pfarrei
Heimesvurt gegen einen mansus in Stännenbuhel, welchen der edle Heinrich genannt
Speto der Aeltere von Steinenhart (jetzt von Veimingen), sein verwandter, zum ersatz
hiefür der Eisteter kirche geschenkt hat. Act. in Ehingen 1267 XI kal. jun. anno
pontific. VI. — Pergamentoriginal mit zerbrochenem siegel im königl. reichsarchiv in
München, deutschordenskommende Oettingen.   [552]

„ „ („ „) H. propst, Al. dekan und das ganze domkapitel von Eistet geben ihre zustimmung, dass
der bischof Hiltbrand zwei theile des zehents in Warenvelt dem deutschordenshause in
Otingen (Oettingen) überlasse, nachdem der edle Heynrich genannt Speto der Aeltere
von Steynerhart (jetzt genannt von Veymingen) dem hochstift dafür einen hof in Steynen-
buhel zum ersatz gegeben. Act. et dat. in Ehingen 1267 XI kal. jun. — Pergamentoriginal im königl. reichsarchiv in München, deutschordenskommende Oettingen.   [553]

Sept. 21 Engelthal Bischof Hildebrand von Eistet verleiht gewisse zehenten in Swinach, auf welche die damit belehnten Engelhard ritter genannt von Osternach, und beziehungsweise Eberhard ritter (miles) von Ilenfenvelt freiwillig verzichtet haben, dem kloster Engelthal. Dat. Engeltal 1267 XI kal. oct. anno pontific. VI. — Pergamentoriginal im königl. reichsarchir] in München, kloster Engelthal. [554]

1267
Okt. 11 Eichstätt

Bischof Hildebrand gibt den zehent von Niederupefenapach, den bisher Ulrich von Sulzbureh zum lehen, Siboto von Pofenapach zum afterlehen gehabt, an das kloster Seligenporten. Dat. et act. Eistet, V id. oct. anno pontific. VI. — Lang, Reg. boic. III, 292. [555]

Dec. 4 (. . . . .)

Graf Gebhard von Hirschberg-Sulzbach schenkt den schwestern in Engelthal das patronatsrecht der pfarrei Ouenhusen (Offenhausen) als bischöflich Eichstättisches lehen, wie er es besessen. — Original im königl. reichsarchiv in München. Martini, Beschreibung von Engelthal, pag. 74 der zweiten ausgabe. Moritz, Grafen von Sulzbach I, 297. [556]

1268
Mai 11 Eichstätt

1268 Mai 19. Vid. Addenda.

Hiltbrand, bischof von Eysteten und kanzler von Mainz überlässt mit zustimmung seines kapitels an das kloster Engeltal, um dessen armuth zu erleichtern, das patronatsrecht bei der kirche in Ovenhausen gegen das in Eschenbach und gestattet dem genannten kloster, die bischöflichen zehenten in Ovenhausen von den jetzigen besitzern an sich zu bringen. Dat. Eystet 1268 V id. maj. anno pontific. VII. — Pergamentoriginal im königl. reichsarchiv in München. Pergamentdiplomatar des Eichst. domkap. pag. 8b. Barack, Gesch. der kirche von Eschenbach pag. 44 Fuchs, Urkunden zur gesch. Ludwig's des Bayern im zehnten Jahresbericht des histor. vereins von Mittelfranken pag. 61. Lang, Reg. boic. III, 307. [557]

,, ,, (. . . . .)

Die äbtissin von Engelthal und ihr konvent, nonnen des Augustinerordens, urkunden über den vorstehenden tausch mit dem bischof von Eystet. Dat. 1268 V idus maj. — Falkenstein, Cod. dipl. Eyst. pag. 57 nr. 54. Würfel, Diptycha ecclesiar. III, 449. [558]

Okt. 10 Polling

Hiltbrand, bischof von Aichstet, stellt einen ablassbrief aus für das kloster Polling. Dat. apud Pollingen 1268 VI idus oct. — Lang, Reg. boic. III, 312. [559]

,, 22 Eichstätt

Bischof Hiltbrand präsidirt am montag nach St. Gallus seiner generalsynode und entscheidet die inzidenzfrage, ob auch die pfarreien, welche unmittelbar vom bischof vergeben würden, einer weltlichen advokatie unterliegen sollten, nach vernehmung seines kapitels, der prälaten der stadt und der diözese, seiner dienstleute und anderer männer sowohl aus dem klerikal- als laikalstande dahin, dass alle diese kirchen und deren vermögen von der last der advokatie frei seien. Pergamentoriginal mit siegel im königl. reichsarchiv in München, hochstift Eichstätt. Falkenstein, Cod. dipl. Eyst. pag. 56 nr. 53. [560]

Dec. 17 ,, ,,
1269 hfcic. Vid. Addenda.
1269
Mai 8 Sulzkirchen

Hiltebrand bischof von Eistet bekennt wegen der 40 pfund heller, welche ihm priorin und konvent von Engeltal zu entrichten hatten, vollständig befriedigt zu sein. Dat. Eistet 1268 XVI kal. jan. — Pergamentoriginal im königl. reichsarchiv in München, kloster Engelthal. [561]

Die gebrüder Ulrich, ein zweiter Ulrich, Chunrad, Hermann und ein dritter Ulrich von Meggenhusen beendigen ihren streit mit dem bischof Hiltebrand von Eistet über einen hof zu Mülhusen und das patronatsrecht an der dortigen kirche auf vermittlung des dompropsts Heinrich sowie der ritter Berthold Stamler und Arnold Stezemann durch den verkauf der genannten objekte an den bischof um 24 pfund heller. Zeugen: Der dompropst und die beiden genannten ritter; Ulrich, dechant von Herriden; Chunrad, vicepleban von Sulzkirchen; Wernher, pleban von Sulzpurch; Ch. und Heinrich, die notare des bischofs; Chunrad von Münstern; Ulrich von Emmendorff; Rudeger von Dietenhoven; Hartwich, sohn des ehemaligen vogts von Eistet; Berthold der meier von Sulzkirchen et alii quam plures. Dat. et act. Sulzkirchen 1269 viii id. mai. — Popp, Diplomatar des Eichst. domkap. ad hunc ann. Pergamentdiplomatar desselben kapitels, dreimal, nämlich pag. 4b, 18b und 38a, aber nach art dieser manuskripts jedesmal ohne zeugen. [562]

8*

1269

Juli 6 | Eichstätt

Bischof Hildebrand weiht den unter Engelhard begonnenen, unter ihm vollendeten St. Willibaldschor. — Den tag nennt ein kalendarium des genannten chores (Eichst. pastoralbl. IX, 153a), das jahr lässt sich aus der folgenden nummer erschliessen. Ueber den bau selbst vergl. Bolland. juli tom. II pag. 500 (mit zeichnungen). [563]

Juli 7 | „ „

Bischof Hildebrand überträgt die reliquien des heil. Willibald aus ihrer ruhestätte im schiffe der domkircho auf den St. Peteraltar des neuerbauten St. Willibaldschors. — Eichst. pastoralbl. IX (1862), 153a. [564]

Wie bei der translation von 1265 okt. 13, so wurde auch diesmal eine von Konrad von Kastel abgefasste pergamenturkunde in den sarg gelegt. Dieselbe enthält wieder die in nr. 520 dieser regesten erwähnten zahlenangaben und schliesst: „Anno vero Domini mcclxviij in sonis julii sanctus Willibaldus de monasterio translatus est et in novo choro retro altare beati Petri apostoli per venerabilem dominum Illitebrandum, ejusdem loci tunc episcopum, honorifice est sacrofagatus, ubi requiescat in Domino" (abgedr. bei Baumgartner, Aychstättisches je länger je lieber pag. 99).

Heinrick von Berching, am 1401 domherr in Eichstätt, fügt, nachdem er den bericht des Konrad von Kastel über die translation von 1265 kopirt, noch bei: „Hildebrandus chorum occidentalem sancti Willibaldi complevit et in eo duos capellanos instituit. Et complete eodem choro sanctum Willibaldum III idus octobris (13 okt.) magna transtulit cum solempnitate et in supino altaris majoris ejusdem chori sanctum Willibaldum inclosit, ubi divina clemencia per ipsum multa cottidie miracula operatur" (abgedr. bei Gretser, Catalog. episcop. pag. 477 und bei Falkenstein, Nordgauische alterth. I, 157).

Die fehlerhaftigkeit Heinrich's von Berching ist noch vermehrt in dem eintrag einer unbekannten hand in das pontifikale Onndekar's II: „Hyldebrandus dictus de Mern complete choro, qui nunc dicitur chorus sancti Willibaldi, transtulit reliquias sancti Willibaldi de medio monasterii, ubi viginti annis manserant, anno Domini MCCLXXVI° in octava penthecostes et in supino altaris ejusdem chori collocavit".

Bischof Philipp, De div. tutelar. cap. XXXVIII erzählt zuerst die erhebung des heiligen Willibald aus der krypta der domkircho im jahre 1265, darauf sogleich dessen beisetzung im neugebauten chor durch Hildebrand und erst an dritter stelle die beisetzung in mitte des kirchenschiffes durch Heinrich IV. Ueber die vorgänge unter Hildebrand sagt Philipp: „Illitebrandus ex magna devotione nec non rationabiliter decrevit, ut ei (scil. sancto Willib.) basilicam per eo construeret, in quo sanctissimum corpus honorabilius sarcophagatum sine mutatione loci permaneret. Quod et ita complevit, secundum quod structura hodierna die manifestat."

Sept. 25 | Sulzbürg

Ulrich von Solzburch, ministeriale des reiches, überlässt das ihm proprietatis titulo zugehörige dorf Stokach dem bischof Hildebrand von Eistet, empfängt aber dasselbe aus den händen Hildebrand's sogleich als hochstiftisches lehen wieder zurück und überdies muss der bischof den zehent zweier höfe in Revt und Davmenhoven, den bisher Ulrich lehensweise innegehabt, für immer den klosterfrauen in Seeligenporten überlassen. Zeugen: Stephan, Rappoto, Perenger von Donlant, ritter; die brüder Wirnto und Chunrat von Giersreut; Chunrad von Ellenbrunnen; Rudiger von Freinshofen et alii quam plures. Act. in castro Solsburch 1269 VII kal. oct. — Pergamentoriginal mit zwei siegeln im königl. reichsarchiv in München. Popp, Cod. Monac. pag. 203. Falkenstein, Cod. dipl. Eyst. pag. 50 nr. 45. [565]

Falkenstein schliesst diese urkunde, welche Ulrich von Sulsbürg ausstellt, mit der formel eines bischöflichen diploms: Anno Domini 1264 VII kal. octobris, pontificatus nostri anno IX. Uebrigens wird durch diese auffällige hinaussetzung des wahren regierungsjahres die irrige zahl 1263 rektifizirt.

Dez. 20 | Eichstätt

Hildebrand, bischof von Eistet und kanzler von Mainz, ertheilt seine zustimmung zu dem kaufe, durch welchen der spitalmeister Sifrid im kloster Ahusen von zwei vasallen der Eichstätter kirche, den brüdern Heinrich und Ulrich von Lvemingen einen hof in Nevazze erworben, und eignet mit zustimmung seines domkapitels diesen hof dem hospital in Ahusen in der weise, dass nie ein laie die vogtei oder ein anderes recht auf denselben erwerben dürfe und der hospitalarius von Ahusen jährlich dem bischof am weihnachtsvorabend vier pfund wachs reichen solle. Act. et dat. apud Eistet 1269 XIII kal. jan. — Pergamentoriginal mit dem siegel des bischofs und kapitels im königl. reichsarchiv

		zu München, kloster Ahausen an der Würniz. Kopialbuch des klosters Ahausen fol. 28b im königl. archiv zu Nürnberg. Falkenstein, Cod. dipl. Eyst. pag. 57 nr. 55. Lang,
1270		Reg. boic. III, 337. *Anno pontificatus XII Alexandri &c.).* [566]
Mai 11	Eichstätt	Bischof Hildebrand ist mitsiegler in einer urkunde, laut deren ein streit zwischen dem dompropst Heinrich von Eystet und dem dortigen kapitel über das patronatsrecht in Leibstat und über die verwaltung der dompropsteigüter durch schiedsleute beigelegt wird, und zwar durch den propst Reimboto von Herriden, den pfarrer Ulrich vom gleichen ort, den archidyakon Heinrich von Lentersheim, sämmtlich Eichstättische kanoniker, und den bruder Perchtold, lektor bei den predigermönchen in Augsburg. Das patronat in Leibstat wird dem dompropst zugesprochen, den gehalt des vikars aber wird propst und kapitel gemeinsam bestimmen. Von den dompropsteigütern sollen äcker bei Lernstetten, dann äcker und wiesen bei Pflinz und Eistet durch den propst selber bebaut werden, das übrige verwaltet das kapitel noch vier jahre (salva dignitate praepositurae cum praebenda attinente et omnibus honoribus et juribus in conferendis ecclesiis, feodis et beneficiis, quae cliosterlehen vulgariter appellantur). Nach vier jahren wird durch einfache abstimmung der kanoniker bestimmt, ob man dem propst wieder alles zu eigener verwaltung überlassen soll oder nicht. Geschieht das erstere, so hat der propst zu befolgen, was schon früher festgesetzt wurde durch eine übereinkunft zwischen ihm einerseits und dem bischof von Eichstätt, dem propst von Bamberg und dem ehemaligen propst H. von Rebdorf als den vertretern des domkapitels andererseits. Actum et promulgatum apud Eystet 1270 II idus maj. — Pergamentdiplomatar des Eichst. domkapitels pag. 45b. [567]
Juli 26	(.....)	Durch bischof Hildebrand von Eichstätt ermächtigt übergibt dessen dienstmann Reimboto dem kloster in Caesarea (Kaisheim) sein gut in Egelse. Dat. et act. VII kal. aug.
1271		indict. XIV (XIII). — Lang, Reg. boic. III, 361. [568]
Mai 17	Eichstätt	Bischof Hildebrand von Eichstätt erläust dem nonnen von Soligenporten die leistung an pfeffer und wachs, welche sio bisher aus dem schent in Pofensbach zu tragen hatten (vergl. nr. 555 dieser regesten). — Lang, Reg. boic. III, 368. [569]
1272		
Juni 9	„ „	Hildebrand, bischof von Eystetn und kanzler von Mainz, vereinigt wegen unzureichenden einkommens die kirche St. Peter in Steten mit der kirche St. Walburg ebendort und zwar unter zustimmung des damaligen besitzer, des domherrn Ulrich von Schoven und des scholarcn Ludwig von Chraigenheim, von denen letzterer für den verzicht auf die kirche St. Peter mit dem ertrag zweier wiedenhöfe in Norsteten sowie mit dem gross- und kleinzehenten in Hohenborch entschädigt wird. Dat. et act. Eystet 1272 V id. jun. anno pontifie. nostri XII. — Pergamentdiplomatar des Eichst. domkapitels pag. 10a. [570]
Juli 31	(Oettingen)	Mit zustimmung des bischofs Hildeprand von Eichstätt vertauschen die Deutschordensbrüder in Ellingen einige zehenten in Gunderspereh an den ritter von Elolfeshaim für einen acker bei Stophenhaim. Datum 1272 proxima feria V ante festum beati Jacobi apostoli. — Lang, Reg. boic. IV, 766. [571]
Nov. 9	(Brixen)	Der kanoniker Ulrich vertauscht als prokurator des bischofs Hildebrand von Eystett in gegenwart des bischofs Bruno von Brixen und des dortigen kapitels die Eichstättischen güter in Hinsagen an Reimberg von Voychsberg gegen jährliche lieferung von vier wagen wein (quatuor plaustra vini mensurae de Maisc), die bis Inspruck gebracht werden müssen. Doch soll dieser vertrag nur für die lebensdauer des einen oder andern kontrahenten gelten. Zeugen: Bruno, bischof von Brixen; Conrad, dekan von Brixen; Hartmann, Fridericus de Aqua, Reimbert, kanoniker in Brixen, et alii quam plures. Act. in cathedrali ecclesia Brixensi 1272 V id. nov. indict. XV. — Falkenstein,
1273		Cod. dipl. Fyst. pag. 60 nr. 59. Popp, Cod. Monae. pag. 101 (mit weiteren zeugen). [572]
Mai 25	.....	Bischof Hildebrand von Eichstätt erscheint mit dem grafen Friedrich von Truhendingen

9

und Ulrich dem aelteren von Mur als mitsiegler in einer urkunde, laut deren ein gewisser Meinward und dessen vetter Meinward von Mur (fratrueles) an den abt Rudolf zu Halsprunne und an dessen konvent einen hof zu Mirkendorf, genannt meierhof, und die hube des Loselin verkaufen (bischof Hildebrand und graf Friedrich sind die herrn der beiden Meinwarde genannt). Dat. 1233 mense majo Urbani papae (festo Urbani papae?). — Hailsbrunner kopialbuch I fol. 205 im königl. archiv zu Nürnberg. [573]

1273
Nov. 8 | Eichstätt

In gegenwart des bischofs Hildbrand von Eichstätt und unter dem vorsitze des propstes R. von Herrieden halten bischof Peter von Passau und dessen kapitel im dom zu Eichstätt zufolge päpstlichen auftrags gericht über den streit zwischen dem wildgrafensohn und damaligen Bamberger domherrn Emicho, der von seinem bischof Berthold auf die stelle eines propstes an der alten kapelle zu Regensburg präsentirt worden war, aus der einen seite, und dem dekan sowie dem kapitel dieser kapelle, die den Emicho nicht annehmen wollten, auf der andern seite. Es wurde entschieden, dass dem Bamberger bischof ein präsentationsrecht zustehe, dass früher schon ähnliche präsentationen, wie zum beispiel die des H. de Waldawe von der alten kapelle anerkannt worden seien, dass Emicho als propst anerkannt werden müsse und dass das kapitel der alten kapelle die auf 40 pfund Regensburger heller berechneten prozesskosten zu tragen habe. Zuwiderhandelnde werden mit der exkommunikation bedroht. Act. 1273 VI id. nov. in choro Aistetensi praesente episcopo Aistetensi. — Pergamentoriginal mit dem siegel des propstes von Herrieden im königl. reichsarchiv zu München, hochstift Bamberg. Lang, Reg. boic. III, 418. [574]

1274
April 9 | (. . . . .)

Bischof Hildebrand von Eichstätt überträgt dem kloster Ahausen den zehent in Tan und Dietersberg, welchen Heinrich von Apsberg zurückgegeben. Act. et dat. V id. april. — Lang, Reg. boic. III, 427. [575]

Mai 7 | Lyon

verleiht einen ablass von 40 tagen für diejenigen, welche den begonnenen neubau der domkirche in Meissen durch beiträge unterstützen. Dat. Lugduni 1274 nonas (!) maji. — Ocrsdorf, Cod. dipl. Saxon. I, 180 nach dem original im stiftsarchiv zu Meissen. Confr. Harzheim, Concil. Germ. III, 638. [576]

„ 16 | **„ „**

ist in Lyon zum vierzehnten allgemeinen concil anwesend und verteilt nebst vielen anderen bischöfen einen ablass für diejenigen, welche zum aufbau des durch feuer zerstörten doms in Regensburg eine beisteuer leisten (contritis et confessis quadraginta dies criminalium et centum venialium relaxamus). — Ried, Cod. dipl. Ratisbon. I, 531. Lang, Reg. boic. III, 436. [577]

„ 0 | **„ „**

stellt einen ablassbrief aus für alle jene, welche zur wiederherstellung der durch wetter beschädigten kirche St. Johann und Lorenz zu Merseburg (domkirche) einen beitrag leisten würden. Datum in concilio Lugdunensi. — Lepsius, Kleine schriften II, 284 nach dem original im domkapitelsarchiv. Ebendaselbe, Der dom in Merseburg (bei Förstemann, Neue mittheilungen bd. VI heft IV (pag. 76). [578]

Juni 6 | **„ „**

Bischof Hildebrand von Eistet wohnt mit zwölf anderen deutschen bischöfen sowie mehreren kardinälen und weltlichen grossen in Lyon einem geheimen konsistorium bei, in welchem propst Otto von St. Guido in Speyer, kanzler und spezialbevollmächtigter des römischen königs Rudolf I die urkundlichen versicherungen der kaiser Otto IV (vom 8 juni 1201 und 22 märz 1209) und Friedrich II (vom 12 juli 1213 und 0 sept. 1219) prüft, für echt erklärt und im namen Rudolf's ebenfalls beschwört. Acta Lugduni 1274 mense junii die martis, VI ejusdem mensis, anno pontificatus restri (scil. papae) tertio. — Pertz, Leg. II, 395. Lünig, Cod. Ital. dipl. II, 719. Raynald, Ann. eccl. ad ann. 1274 nr. VII. Monum. Zollerana, urkunden der fränkischen linie pag. 134. Hefele, Conciliengesch. VI, 117. Böhmer, Reg. imperii von 1246 bis 1313 pag. 331 nr. 207. [579]

„ „ | **„ „**

stellt gemeinschaftlich mit zwölf anderen deutschen bischöfen sowie mit dem burggrafen Frederik von Nürnberg und dem grafen Gotifred von Sain eine urkunde aus des

1274 Juni 6	Lyon	inhalts, dass sie die in vorstehender nummer erwähnten diplome der kaiser Otto IV und Friedrich II ebenfalls für echt erkannt, den eid des kanzlers und spezialbevoll- mächtigten Otto von Speier angehört und auch ihrerseits geschworen haben, dass sie für die befolgung der einzelnen punkte durch könig Rudolf sorge tragen werden. Actum wie nr. 579. — Pertz, Leg. II, 396. Lünig, Cod. Ital. dipl. II, 723. Raynald, Annal. eccl. ad ann. 1274 nr. VI. Böhmer, Reg. imperii von 1246 bis 1313 pag. 331 nr. 208. [580] erklärt in dem nr. 579 dieser regesten genannten konsistorium mit zwölf anderen dentschen bischöfen sowie mit dem burggrafen Friederik von Narenberc und dem grafen Gotfrid von Sain, eine urkunde der deutschen fürsten dd. Reichstag in Frankenfort 1220 apr. 23, die zustimmung der fürsten zu allen vereinbarungen zwischen dem römischen stuhle und dem kaiser Friedrich II betreffend, geprüft und für echt erkannt zu haben; zugleich nehmen sie in ihre erklärung die urkunde von 1220 wortgetreu auf. Actum wie nr. 579. — Pertz, Leg. II, 397. Lünig, Cod. Ital. dipl. II, 726. Raynald, Annal. eccl. ad ann. 1274 nr. XI. Böhmer, Reg. imperii von 1246 bis 1313 pag. 331 nr. 209. [581] <small>Die anderen in nr. 579, 580 und 581 erwähnten bischöfe waren: Heinrich von Trier, Gerrner von Mainz, Engelbert von Köln, Konrad von Magdeburg, Giselbert von Bremen, Konrad von Straß- burg, Leo von Regensburg, Bruno von Brixen, Otho von Minden, Friedrich von Merseburg, Wi- dego von Meissen und Johann von Chiemsee.</small>
" 28	" "	Bischof Hildebrand von Eistett, desgleichen bischof Konrad von Strassburg und erzbischof Heinrich von Trier geben ablass für die kirche der heiligen Walburga in Eistett, wo- selbst ein beständiger fluss heiligen öles statt hat. Dat. in concilio Lugduni IV kal. jul. — Lang, Reg. boic. III, 349 (aber mit der irrigen jahrzahl 1270). [582]
" 29	" "	Bischof Hildebrand von Eichstätt stellt einen ablassbrief aus für die domkirche in Brixen. Sinnacher, Beiträge zur gesch. von Säben II, 442. [583]
Nov. 19	Nürnberg	Bischof Hildebrand von Eistad wohnt dem ersten reichstag des königs Rudolf von Habs- burg bei, welcher reichstag auf St. Martin einberufen war und am 19 november endete. Die gefassten beschlüsse werden am 19 nov. von ihm und elf anderen bischöfen sowie dem abte von Murbach, nicht aber auch von weltlichen fürsten unterzeichnet. Act. 1274 XIII kal. dec. indict. III anno regni II. — Pertz, Leg. II, 101. Acta palat. IV, 252. Dürr, De comitiis a Rudolpho Habsburgico celebratis. Kopp, Gesch. der wiederherstellung des deutsch. reiches I, 94 sq. Böhmer, Reg. Rudolph's von Habsburg nr. 132. [684]
1275 Mai 15	Augsburg	Bischof Hiltbrand von Eistet wohnt einem reichstag in Augsburg bei und ist mitsiegler in der urkunde, durch welche der römische könig Rudolf I die frage, ob die könige von Böhmen oder die herzoge von Bayern bei der wahl eines deutschen königs mit- zustimmen berechtigt seien, zu gunsten Bayerns entscheidet, jedoch so, dass Oberbayern und Niederbayern zusammen nur eine stimme haben sollen. — Original im königl. hausarchiv in München. Hund, Metrop. Salisburg. I, 60. Lünig, Reichsarchiv VIII, 4. Rousset, Supplement au corps dipl. Ia, 130. Gewold, De septemviratu sacri rom. imper. pag. 174. Hertius, Dissertat. de renovato imperii et regni Bohem. nexu (Giessen 1704). Goldast, De regni Bohem. juribus anhang I pag. 57. Ebendaselbe, De constitut. imperii I, 311. Burgundus, Electoratus Bavar. pag. 20. Olenschläger, Erläuterung der goldenen bulle pag. 38. Oetter, Gesch. der burggrafen von Nürnberg, dritter versuch pag. 117. Lambacher, Oesterreichisches interregnum pag. 76. Lam- becius, Commentar. de biblioth. caesarea lib. II cap. VIII pag. 828. Rauch, Oester- reichische gesch. III, 491. Monum. Zollerana, urkunden der fränkischen linie pag. 140. Wittmann, Monum. Wittelsbac. in den Quellen zur bayer. und deutsch. gesch. V, 280. Böhmer, Regesten des königs Rudolph nr. 173. Ebenderselbe, Wittelsbachische re- gesten pag. 36 und 82. * [585]
Juni 17	" "	Hildebrand bischof von Eistet unterzeichnet eine urkunde, durch welche könig Rudolph dem kloster Benediktbeuern seine privilegien erneut. — Monum. boic. VII, 140.

9*

1275		Meichelbeck, Chronic. Benedictoburanum 1, 126. Monum. Zollerana, urkunden der fränkischen linie pag. 143. Vergl. Böhmer, Regesten des königs Rudolph nr. 179. [586]
Juni 17	Augsburg	Bischof Hilprand von Eichstätt ist zeuge in einer urkunde des königs Rudolph von Habsburg für das kloster Ebersberg, die erneuerung zweier privilegien dd. 1210 jan. 1 und 1139 mai 18 betreffend. — Hund, Metrop. Salisburg. II, 278 der Münchner ausgabe von 1620 und II, 192 der Regensburger ausgabe von 1719. Monum. Zollerana, urkunden der fränkischen linie pag. 142. Böhmer, Regesten des königs Rudolph nr. 180. [587]
Aug. 25	Herrieden	Bischof Hiltibrand von Eichstätt bekundet, dass der edle mann Ulrich genannt von Worperch einen zehent in Urau (Aurach), den derselbe als Eichstättisches lehen bis jetzt selbst perzipirt hatte, nunmehr als afterlehen an Berthold genannt von Urau und an dessen ehefrau Adelheid überlassen. Die letzteren zwei vermachen den erwähnten zehent für den fall ihres todes an Heinrich, dekan von Fuhthewanch und bruder Berthold's, sowie an Cunrad von Thanne, einen sohn von Berthold's schwester. Zeugen: Berthold abt von Wilziburch; Heinrich, dekan von Fuhthewang; Heinrich pfarrer von Nuewenstat; Heinrich von Witelshofen, kanoniker zu Herieden; Heinrich von Bichenbach; Cunrad dives de Thanne; dessen sohn Friedrich; Cunrad, Eggohard, Gotfrid und ein zweiter Cunrad, vier brüder von Thanne; Cunrad genannt Triuo; Ludwig von Burberch; Marquard, Ortlieb, Cunrad brüder genannt von Wanbuch. Act. Herieden 1275 VIII kal. sept. — Schütz, Corp. histor. Brandenb., vierte abhandlung pag. 106. Confr. Lang, Reg. boic. III, 409. Eichst. pastoralbl. VII (1860), 218b. [588]
„ 31	(. . . . .)	Graf Ludwig der aeltere von Oettingen genehmigt urkundlich, dass sein sohn Konrad den fischteich bei Merlach, welchen die von Oettingen bis dahin als lehen von der kirche Eichstätt innegehabt, an den bischof Hildebrand auf dem wege des rückkaufs überlasse. — Falkenstein, Cod. dipl. Eyst. pag. 65 nr. 62. Lang, Reg. boic. III, 409. [589]
Nov. 5	Emsing	Bischof Hildebrand von Eystet weiht die kirche zu Emsing; in den hauptaltar wurden neben anderen auch reliquien der heil. Gunthild gelegt. — Priefer's visitationsakten im bischöfl. ordinariatsarchiv zu Eichstätt nach einem alten Emsinger missale. Eichst. pastoralbl. II (1855), 136a und besonders IX (1862), 181a. [590]
1276		
Jan. 31	. . . . .	siegelt gemeinschaftlich mit dem marschalk Heinrich von Papenhaim, dem vogt des klosters St. Walburg in Eistett, eine urkunde, laut deren Heinrich von Altheim im eigenen namen sowie im namen seines bruders und seiner weiteren verwandten den streit hinsichtlich der vogteirechte über güter in Altheim (St. Walburgische güter?) aufgibt und sich neuerdings zu einer leistung an die äbtissin G. von St. Walburg verpflichtet. — Lang, Reg. boic. IV, 3. [591]
März 9	(Augsburg)	Mit zustimmung des bischofs Hildebrand von Ayatet und des königs Rudolph von Habsburg nimmt Ludwig II der Strenge, pfalzgraf am Rhein und herzog in Bayern, nonnen von Wizenburch in das von ihm gegründete kloster zu Betendorf auf. Dat. Augustae VII idus mart. — Lang, Reg. boic. IV, 5. Böhmer, Wittelsbachische regesten p. 37. [592]
Apr. 26	(Eichstätt)	Graf Berthold von Greisbach gibt an den bischof Hildebrand, den er seinen compater nennt, aus besonderer liebe alle zehenten in der pfarrei Ettenstatt zurück, sowohl die grossals kleinzehenten, die er von der kirche Eystett als lehen besessen und an den ritter Wirentho von Mehren als afterlehen übertragen hatte. Zeugen: Propst Reimboto, schenk Heinrich von Hoffstetten, Heinrich genannt von Mur et alii quam plures. — Falkenstein, Cod. dipl. Eyst. pag. 65 nr. 63. [593]
sine die	. . . . .	Bischof Hiltebrand von Eystet errichtet mit zustimmung seines kapitels zwei präbenden für zwei kapläne am St. Willibaldschor der domkirche zu Eichstätt und dotirt diese stiftung mit einkünften der pfarrei Ettenstat, die er erst kürzlich mit eigenem geld aus laienhänden zurückgekauft hat und nun in der weise theilt, dass dem pfarrer in Ettenstat ein hof (in Ettenstat?), fünf gütchen in Eystet, ein gütchen in Oyren und ein hof in Laybstat, alles übrige aber den zwei kaplänen am St. Willibaldschor zugewiesen wird

Die letzteren sollen als des bischofs spezielle chorkapläne gelten (capellani in choro speciales) und bei den kirchlichen tagzeiten dessen stelle vertreten, da ihn öfters weltliche geschäfte vom officium divinum fern halten; ferners sollen sie nach dem tode Hiltebrand's, der im St. Williwaldschor begraben werden will, wenigstens einmal in der woche für ihn die heil. messe lesen und die todtenvigil beten. Das recht der ernennoung auf die pfarrei Ettenstat und auf die zwei erwähnten pfründen am St. Willibaldschor reservirt sich der bischof. Act. 1276 anno pontific. XV. — Pergamentdiplomatar des Eichst. domknpitels pag. 31a. Desagleichen findet sich die stiftungsurkunde ihrem vollen wortlaut nach wieder in einem am 13 nov. 1423 durch den generalvikar und bischöflichen offizial Johann Bröchssel gefertigtem Vidimus (Kopialbuch des St. Willibaldsschorcs fol. 110b). Vergl. Heinrich von Berching in dem nr. 564 erwähnten bericht, eine notiz von Thomas im pontifikale Gundekar's (Pertz VII, 251), eine aufzeichnoung von unbekannter hand im kalendarium eben dieses pontifikalbuchs (Pertz VII, 252) und bischof Philipp, De div. tutelar. cap. XXXVIII: „Instituit etiam idem episcopus necnon alii successores ejus inibi quatuor capellanos, qui et capellani praecipue sancti Willibaldi omniusuquo successorum ejus specialiter nuncupantur."

<table>
<tr><td>1278</td><td></td><td></td><td>[594]</td></tr>
</table>

Fobr. 4 Mörnsheim Bischof Hildebrand von Eichstätt schlichtet einen streit zwischen dem abt von Kaisheim und Heinrich Uberakeraer von Altheim bezüglich einiger güter und besitzungen in Butelbrunne. Testes: O. notarius episcopi. H. de Mornsheim, minister episcopi ibidem. Actum et datum apud Mornsheim feria sexta post purificat. beatae Mariae. — Lang, Reg. boic. IV, 59.   [595]

" 17 ..... In gegenwart des bischofs Hiltebrand von Eistett wird ein streit zwischen der äbtissin von St. Walburg in Eystetten, und Ulrich, dem sohne des am marktplatz zu Eistett wohnhaften Gotfrid (inter abbatissam St. Walburgae et Ulricum, filium Gotfridi de Foro) über zwei äcker vor dem Tiphental unter dem wege Plechstreich und über Lningrub (?) zur entscheidung gebracht. Act. 1278 XIII kal. mart. — Lang, Reg. boic. IV, 61.   [696]

April 26 Kaisheim Bischof Hildebrand von Eichstätt trennt eine kapelle, welche der abt von Kaisheim in seinem weiler Ranheim erbaut hatte, aus dem verband der pfarrei Mündlingen. Datum in Caesarea in crastino Marci evangel. — Lang, Reg. boic. IV, 63.   [597]

Juni 9 Nürnberg Hilibrand, bischof von Aystet, verleiht dem edlen manne Gotfrid von Haydeckh alle lehen, welche dessen vater Marquard von der kirche Aystet und den vorfahren Hildebrand's besessen, und substituirt dem Gotfrid, falls er ohne erben sterbe, die burggrafen Friderich und Konrad zu Nurenberch. Zeugen: Herr Konrad der aeltere von Stein; B. von Camerstain; Er. von Butendorf; Konrad, dessen sohn; O. von Haafenfeldt; Ar. truchsess; O. von Dietenhouen. Dat. Nurenberch 1278 feria V post diem penthecostes. — Original im königl. reichsaarchiv zu München. Eichstädter buch fol. 16 im königl. archiv zu Nürnberg. Monum. Zollerana, urkunden der fränkischen linie nr. 199. Haas, der Rangau und seine grafen pag. 199 und 244. Lang, Reg. boic. IV, 67.   [598]

" 16 (Nürnberg) Burggraf Friedrich von Nurnberg anerkennt in seinem eigenen namen und im namen seines bruders Konrad die lehenseigenschaft folgender güter und rechte, welche sein schwesternohn Gottelrid von Haideck und dessen vorfahren von der kirche Eistett erhalten: Die burg Arnaperch mit augehör, die vogtei in Theingen, die vogtei über die güter der kirche in Mauwenheim, in Walthersperge und Husen bei Haideck; die vogtei über die güter und besitzungen des klosters Ahausen in Ahausen, in Tannbrunn, in Tanno, in Altenhaideck und in Waltingen; das marktrecht und andere rechte in Waltkirchen; die vogtei in Leibstatt; das patronatsrecht in Hollenstein, in Tallmessingen und in Waltingen; desagleichen wird anerkannt, dass zur kirche Eystett all das gehöre, was der küchenmeister von Nortenberch an den genannten Gottefrid in Widenbach überlassen hat, und ebenso die lehen, die demselben herr Chunrad von Regenhouen und Chunrad's bruder R. von Walmetingen, ferner G. herr von Altstadt (dominus G. de veteri urbe), der truchsess G. von Griczbach und die von Emmendorf übertragen haben. Dat. Nürnberg 1278 XVI kal. jul. — Falkenstein, Cod. dipl. Eyst. pag. 67 nr. 65 und Cod. dipl. Norimb. pag. 72 nr. 66. Popp, Cod. Monac. pag. 73 (mit wesentlichen korrekturen zu Falkenstein). Monum Zollerana, urkunden der fränkischen linie nr. 200.   [599]

1278
Okt. 6   . . . . .   Bischof Hildebrand von Eichstätt ist mitsiegler und zeuge, als graf Friedrich von Truhendingen, Friedrich's vater und dessen (?) Bruder Friedrich, chorherr in Regensburg, dem deutschordenshause in Oettingen sebn huben in dem dorfe Pfefflingen zur stiftung eines jahrtags übergeben. — Papierkopie im fürstl. archiv zu Wallerstein.   [600]

„ 23   Vilshofen   Hildebrand bischof von Aistet unterzeichnet mit könig Rudolf und sieben anderen bischöfen die urkunde, laut deren der pfalzgraf Ludwig II der Strenge und dessen bruder herzog Heinrich von Niederbayern erklären, allen streit über ihre erbfürstenthümer auf zwei und zwanzig jahre ruhen zu lassen. Datum et actum in Vilshouen 1278 X kal. nov. — Original im königl. hausarchiv zu München. Wittmann, Monum. Wittelsbac. in den Quellen zur bayer. und deutsch. gesch. V, 313. Fischer, Erbfolgegesch. des herzogthums Bayern, stück V pag. 265 (deutsche übersetzung). Lang, Reg. boic. IV, 78. Böhmer, Wittelsbachische regesten pag. 39 und 84. Buchner, Gesch. von Bayern V, 183 (ungenau). Kopp, Gesch. der wiederherstellung des römischen reiches I, 359.   [601]

1279
Jan. 25   (Hilpoltstein)   Im begriffe, der busse halber nach Rom zu wallfahrten, und für vielerlei und schwere rechtsverletzungen nach dem rath des bischofs Hildebrand genugthuung zu leisten, übergibt Heinrich der aeltere von Stein mit zustimmung seiner söhne Heinrich von Heineberg, Heinrich von Breitenstein, Heinrich und Hypolit von Solsberg drei meierhöfe, den einen in lacnbresdorf, den zweiten in Schaubrun, den dritten in Winterreuth, alle sein eigenthum, an die getreuen männer Ulrich Gross, Heinrich Schmollo, Bernard Stamelaricus, Heinrich Stezemann und den von Ebenreuth, damit dieselben nach weisung Hildebrands zuerst das klare unrecht gut machen, dann aber auch zweifelhafteren verpflichtungen genügen. Sind alle verletzten befriedigt, so soll der bischof die genannten güter nach freier wahl an einzelne kirchen vertheilen, jedoch mit der auflage, dass in den beschenkten kirchen ein jahrtag für Heinrich von Stein gehalten werde. Zeugen: Ulrich, dekan von Herriden; Arnold pleban von Solzkirchen; Heinrich, pleban von Stein; Friedrich, pleban von Heuberg; ritter Ulrich Wirsing; Heinrich, genannt Honhausen, bürger in Nürnberg; Heinrich, dessen sohn von Heymburch; Heinrich von Breitenstein, sohn; Konrad, amtmann in Swant; Godefrid, notar etc. Act. in castro apud Lapidem 1279 in die conversionis St. Pauli. — Falkenstein, Cod. dipl. Eyst. pag. 68 nr. 68. Verhandl. des histor. vereins von Oberpfalz und Regensburg XX, 112. Popp, Cod. Monac. pag. 104.   [602]

. .   Eichstätt   Der bischof Hildebrand von Eysteten und Otto von Stein geben ihre zustimmung zum ebevertrag zwischen Friedrich dem sohne des Schenzzeln und Mahthild der tochter des Eichstättischen ministerialen Chonrad von Leintfrideshouen und vereinbaren sich über die theilung der kinder. Actum et datum Eystet 1279 VIII kal. februarii (Otto von Stein urkundet). — Popp, Cod. Monac. pag. 76.   [603]

Febr. 15   Lentersheim   Bischof Hildebrand von Eystett und Ladwig der aeltere von Oettingen erklären in einer gemeinschaftlichen urkunde, dass sie ihren streit über das patronatsrecht in Stetten, das ehemals dem Konrad von Trenelen gehört hatte, bis zum nächsten fest der apostel Philipp und Jakob durch schiedsmänner wollen schlichten lassen, und zwar soll sowohl der bischof als der graf je zwei schiedsmänner für sich allein wählen, zum fünften bostellen sie aber jetzt schon und gemeinsam den schultheiss Hermann von Rotenburg. Ueberdiess erwartet der bischof durch die gleichen schiedsleute billige entschädigung für alle durch den verstorben grafen Konrad von Oettingen erfahrene unbill. Zeugen: Heinrich, scholaster in Eystett. Marquard von Hagelen, Heinrich von Hochstetten, Heinrich von Reichenbach, Konrad Frickh, sobenk Heinrich, der truchsess von Absberg, Reimmar von Trubendingen, Konrad von Lentersheim, milites. Konrad, notar von Eystett. Actum et datum apud Lentersheimb 1279 feria quarta in capite jejunii (aschermittwoch). — Falkenstein, Cod. dipl. Eyst. pag. 69 nr. 69. Lang, Materialien zur Oettingischen gesch. III, 16. [604]

Bischof Hildebrand von Eichstätt verleiht einen ablass für alle diejenigen, welche zum aufbau des Dominikanerklosters in Eichstätt einen beitrag leisten. — Necrologium fratrum praedicat. in Eystätt pag. 52 sq. im archiv des domkapitels. [605]

Bischof Hildebrand von Eichstätt verleiht der kirche zu Hellngersporgs einen ablass. — Nach einem alten Altaicher codex bei Pertz, Script. XVII, 380. [606]

sino anno
el die . . . . .

» » . . . . .
1279
März 26 . . . . .

Todestag des bischofs Hildebrand.

XXXVI. Reimboto von Mellenhart 1279—1297.

Reimboto ist der erste bischof, dem das pontificale Gundcearianum eine etwas längere biographie widmet. Am schluss derselben steht die chronologische angabe: „Sui pontificatus anno decimo octavo devotus ad Dominum ab hoc luce migravit VI kal. septembris" (27 aug). Eine weitere notiz im pontifikale sagt: „MCCXCVII VI kal. septembris oblit." *(f. Reimich von Reddorf bei Böhmen, Fontes rer. germ. II, 519.*

Also wurde er im jahre 1279 gewählt und zwar geschah das erst nach dem 6 juni, wie sich aus einer urkunde dd. 1282 juni 6 anno pontificatus tertio berechnen lässt, aber doch vor dem 4 september, denn am 4 september 1279 heisst Reimboto bereits erwählter, wenn auch noch nicht konfirmirter bischof von Eichstätt (Fystettensis ecclesiae Electus).

Mit den Eichstätter nachrichten über Reimboto's todesjahr stimmt auch Weichard de Polhaim überein bei Pertz, Scriptores IX, 814. Nach einer anderen angabe aber bei Pertz XVII, 814 wäre dieser bischof schon 1296 gestorben.

In urkunden ist Reimboto schon mehrfach vor seiner erwählung genannt; am 14 mai 1270 heisst er propst von Herrieden und kanonikus von Eichstätt (vid. nr. 567 dieser regesten). Ein Reimboto von Milenhard, der am 18 juli 1245 und am 14 aug. 1251 in Hirschbergischen urkunden vorkommt (Popp, Cod. Monac. pag. 63 und Stein, Cod. dipl. I, 95) dürfte vielleicht der vater des Eichstätter bischofs sein.

Unter Reimboto kamen 1281 die Deutschordensherrn nach Obermässing, wo sie eine kommenthurie errichteten, und die Tempelherrn circ. 1289 nach Moritzbrunn. Ueber das St. Nikolausstift in Spalt vid. unten 1295 juli 29; über Franziskaner in Ellingen, unbestimmt seit wann, vid. Histor. verein von Mittelfr. XVII, 40; über dto. in Wemding vid. Peter, Suevia ecclesiastica I, 891.

Der biograph Reimboto's im pontifikale fügt noch bei, er habe das officium cantoriae im dom neu hergestellt und einkünfte dafür angewiesen; dann, er habe die castra priora bei der domkirche im mauerwerk erneut (Suttner, Vitae pontificum pag. 3). Vermuthlich hat er auch die domthürme gebaut oder restaurirt. (Vergl. Eichst. pastoral-blatt IX (1862), 153s.

Sept. 4 (Wemding) Heinrich, abt des klosters zum heil. Kreuz in Werden (Donauwörth) schenkt dem er-
10*

1279
Okt. 9   Eichstätt

wählten bischof Reimbotto von Eistet die zwei schwestern Mechtild und Adelhaid, töchter des Eisteter bürgers Ludwig Hueber, mit den nämlichen eigenthumsrechten, welche das kloster selbst auf dieselben bescusen hatte. Zeugen: Graf Berthold von Grayfeapach, Reymboto von Milenhart, R. von Wemedingen, B. von Walmdingen, Chvnradus notarius domini Electi Eistetensis et alii quam plures. Actum Wemendingen 1279 dominica post sanctum Aegidium, datum Werde eodem anno feria secunda sequenti. — Falkenstein, Cod. dipl. Eyst. pag. 68 nr. 67. Königsdorfer, Gesch. des klosters zum heil. Krenz in Donauwörth I, 413. Popp, Cod. Monac. pag. 75. [607]

Bischof Reimboto von Eystet fordert alle äbte, pröpste, archidiakonen, dekane und pfarrer und den ganzen klerus seiner diözese auf, die brüder vom orden des heil. Dominikus zur predigt und zum beichtstuhl zuzulassen; die Dominikaner selbst aber bevollmächtigt er, den theilnehmern an ihren predigten (missionen!) ablass zu ertheilen. Datum Eystet 1279 pontificatus nostri anno I. — Necrologium fratrum praedicatorum in Eyst. pag. 63. Mödl, Chronik der bischöfe von Eichstätt, Reimboto pag. 3. [608]

Dec. 12   Mörnsheim

Reimboto, bischof von Eystet, gibt dem propste W. von Sulnhoven das versprechen, dass die anhängung seines siegels an die (jetzt verlorne) urkunde, welche wegen überlassung der ersten jahresrente von neu erledigten kirchen an die fabrica der domkirche ausgefertigt und von den prälaten der diözese gesiegelt worden war, dem konvent zu Sulnhoven nicht nachtheilig sein soll. Datum Mornsheim 1279 feria tertia post Nycolaij anno pontificatus I. — Kopialbuch des klosters Solenhofen im königl. archiv zu Nürnberg fol. 9b. Popp, Cod. Monac. pag. 421. [609]

sine die   . . . . .

Reimboto, bischof von Eichstätt, ertheilt gemeinsam mit mehreren anderen bischöfen dem nonnenkloster zu stadt Ilm einen ablass. — Schüttgen und Kreysig, Diplomatarium et scriptores I, 186. [610]

1280
Febr. 18   Nürnberg
1284
Febr. 17.

Reimboto, bischof von Eichstätt, gibt auf ansuchen des minoritenguardians in Nürnberg und der minoritenbrüder den frauen vom orden der heil. Klara daselbst das eigenthumsrecht auf einen wald bei dem ehemaligen schloss Berg, den zuvor der Nürnberger burggraf Friedrich von seiner kirche zu lehen getragen, mit dem beding jedoch, dass ihm die klosterfrauen nach seinem tod einen gedächtnisstag feiern sollen. Mitsiegler: Der burggraf von Nürnberck. Datum et actum Nurnberck 1280 XIII kal. marcii. — Falkenstein, Cod. dipl. Eyst. pag. 70 nr. 70. Joh. ab Indagine, Beschreibung der stadt Nürnberg pag. 343. (Wöckern), Histor. Norimberg. dipl. II, 176 nr. 37. Würfel, Beiträge zur Nürnberger stadtgesch. I, 10. Lochner, Nürnberger jahresberichte heft II pag. 61. [611]

1280
Dec. 16   (. . . . .)

Graf Ludwig von Oettingen verspricht, die 1300 pfund heller, welche ihm bischof Reimboto von Eistet geliehen hat, bis zum Michaelisfest zu bezahlen, und stellt als bürgen die ritter Rudolph von Hürnheim, Conrad von Lierheim, Cunrad truchsess von Linperch, Heinrich von Reichenbach, Friedrich von Mayingen, Eggehard von Mekingen, Heinrich von Wolmarshusen, Meinward von Stainheim, Meinward von Oberndorf und Marquard von Mur; ferner den Haveno von Linperch und den Otto von Phalheim. Acta sunt haec m.cc.l.x.x.x. x.vii kal. jan. — Popp, Cod. Monac. pag. 203. [612]

Das datum ist undeutlich und kann auch gelesen werden: mcclxxxx vii kal. jan. (1290 dec. 26) oder mcclxxxvii kal. jan. (1287 jan. 1).

1281
Sept. 4   (Umünden)

Nach einer urkunde von neben verzeichnetem datum, laut deren könig Rudolph I den Friedrich von Zollern mit der burggrafschaft Nürnberg belehnt, umfasste die diözese Eichstätt damals noch einen theil der stadt Nürnberg. Dem Friedrich wird nämlich übertragen: „Census de singulis areis citra pontem in dioecesi Eystettensi" etc. und „officium foresti ab illa parte pontis versus castrum dioecesis Bambergensis". — Schütz, Corp. histor. Brandenburg. abhandl. IV pag. 72 und 211. [613]

Juli 6   (Regensburg) König Rudolf urkundet über einen landfrieden, den nach seinem gebote der pfalzgraf und oberbayerische herzog Ludwig II der Strenge, sodann Ludwig's bruder herzog Heinrich I von Niederbayern und bischof Heinrich von Regensburg in 68 punkten, wovon mehrere den klerus betreffen, unter einander beschworen. König Rudolph fügt die weisung bei, dass auch die andern bischöfe, di zw dem land Beirn gehörent, daz ist der erzbischof von Saltzburch, der von Babbenberch, der von Freising, der von Eystet, der von Auspurch, der von Pazzowa, der von Brihsen diesem landfrieden sich anschliessen und zwar bis zden weihnachten, die uv schirst chvnt, und von dann über drie iar. „Dirre frid ist gestaetet vnd gesworn ze Regensburch, do ven unsers herren gebvrt was zwelifhvndert iar vnd einz vnd ahzich iar, an dem ahten tag der zwelif boten sand Peterz vnd sand Pavls". — Wittmann, Monum. Wittelsbac. in den Quellen zur bayer. und deutsch. gesch. V, 339. Pertz, Leges II, 427 (am eingang jedoch fehlt mehreres). Olenschläger, Erläuterung der aurea bulla pag. 127. Freyberg, Rede über den historischen gang der bayerischen gesetzgebung, am schlusse. Kleinmayern, Unparth. abhandl. pag. 218. Böhmer, Regesten des königs Rudolph nr. 595. Lichnowsky die. nr. 653. [614]

1281 Sept. 9 Eichstätt Reimboto, bischof von Eystetten, verordnet unter beiziehung eines vom domkapitel gewählten, aus dem domdechant Chunrad, dem scholasticus Gozwin, dem kantor Ulrich und dem Heinrich von Erlangshoven bestehenden ausschusses, dass zur vermeidung fernerer streitigkeiten jedes mitglied des domkapitels von den gütern, die es als annexum einer dignität oder eines personates, von einem domkapitlischen hof oder von der oblay (de praediis vel possessionibus dignitatibus vel personatibus annexis, de curiis ac oblaiis) in besitz hat, die festgesetzten leistungen ohne vorbringung einer bitte um nachlass und zur rechten zeit entrichte. Wollte die majorität des kapitels dennoch einen nachlass gewähren, so machen zwei oder drei entgegengesetzte stimmen denselben ungiltig, und sollte der dekan in der eintreibung nachlässig sein, so würde der bischof selbst gegen die im rückstand gebliebenen einschreiten per suspensionem praebendarum et alias poenas consuetas. Acta 1281 V idus sept. — Pergamentdiplomatar des Eichst. domkap. pag. 12a. Confr. Lang, Reg. boic. IV, 157. [615]

Dez. 6 (Hohentrüdingen) Graf Friedrich von Truhendingen, welcher die vogtei über die besitzungen und hörigen des klosters Sulnhouen in Mulnheim, Bernbuch, Eutenhagenawe, Ober- und Unter-Titingen von seinen ahnen als lehen vom kloster Vvld (Fulda) ererbt, nunmehr aber an den bischof Reimbotto von Eystetten verkauft hat, stellt an den abt (Berthold) von Fulda das ansuchen, er möge namens des klosters Solenhofen, das dem kloster Fulda untergeordnet war, das dominium super hoc jure advocatitio auf Reimboto übertragen. Zum ersatz verspricht graf Friedrich einen hof in Mernberg, der 6 pfund heller zahlt, eine mühle bei Truhtelingen, die 9 pfund heller zahlt, einen fischweiher ebenfalls bei Truhtelingen, und eine mühle am bache Mern genannt die Hoerulinsmül, die 4 pfund heller zahlt, an das kloster Solenhofen zu überlassen. Datum Truhendingen 1281 VIII idus dec. — Falkenstein, Cod. dipl. Eyst. pag. 71 nr. 71 (wo aber idus dec. i. e. 13 dec. als datum angesetzt ist). Popp, Cod. Monac. pag. 69 (korrekturen zu Falkenstein). [616]

„ „ („ „) Die gleiche bitte stellt graf Friedrich von Truhendingen an den dekan und den ganzen konvent des klosters Fulda. — Popp, Cod. Monac. pag. 70. Confr. Lang, Reg. boic. IV, 163. [617]

„ „ (Totegabe) Ebenderselbe gibt die in nr. 616 dieser regesten genannte vogtei (jus advocatitium seu dominium), woraus er jährlich ausser persönlichen dienstleistungen 15 pfund heller genoss, an den abt (Berthold) von Vvld zu handen des notars Wernbard zurück und zwar, wie sich von selbst ergibt, zum zweck der übertragung an Reimboto von Eichstätt. Dem resignationsakte wohnten an: Ch., Ulr. und Cvno capellani. C. notar des bischofs von Eystetten; Meinward, plebau von Arberch. Chvnrad von Mur, Geruug und Sifrid

11

gebrüder von Swainingen, schenk II. von Arberch, milites. Ulrich von Mur, Al. von
Emendorf, R. und F. von Dietenbonen et alii maldl. Actum et datum in Totegabe
1281 VIII ldus dec. — Falkenstein, Cod. dipl. Eyst. pag. 71 nr. 72. Popp, Cod.
Monac. pag. 69 (korrekturen zu Falkenstein). Lang, Reg. boic. IV, 163.   [618]

1281
Dez. 6   (Totegabe)   Das gleiche thut graf Friedrich von Truhendingen gegenüber dem konvente des klosters
Fulda. Zeugen waren: Ulrich ehedem dekan in Herrieden, Cuno von Wilzburch und
Chvnrad, kapläne. C. notar des bischofs von Eystetten u. s. w. wie in der vorstehenden
nummer. — Confr. Popp, Cod Monac. pag. 67.   [619]

„ 15   (Fulda)   Abt Berthold von Fulda überträgt dem bischof Reymboto von Eystetten das vogteirecht
über die Solenbofischen besitzungen und hörigen in Mülnheim, Bernbach u. s. w. gegen
die durch Friedrich von Truhendingen angebotene entschädigung durch einen hof in
Merenberg, eine mühle u. s. w., die Friedrich's vater von Ulrich von Mittelberg gekauft. Jedoch macht abt Berthold die bedingung, dass die genannte vogtei nie von
der kirche Eystet getrennt werden könne. Zeugen: Albert, dekan der kirche von
Vold Albert, Berthous, ein zweiter Berthous und Wülehard, vorstände (pröpste) an
den zum kloster Fulda gehörigen kirchen des heil. Johannes, des heil. Andreas, des
heil. Michael und in Sulnhouen; Albert custos; Ch. thürwart; Heinrich magister
opis (!); Theodorich provisor in Blankenawe; Hermann decanus sanctae Mariae; Chonrad genannt von Sulingesch; monachus sancti Andreae, confratres; Conrad von Hene-
bach und Theodorich, clerici nostri; Rabenold und der küchenmeister Gerlach, milites
nostri. Ulrich genannt von Thülgen, kaplan des bischofs von Eystetten. Cuno mönch
von Bilzepurch (Wilzburg); Wernhard notar des grafen von Truhendingen. Datum
et actum 1251 VIII kal. jan. in majore ecclesia Vvldensa. — Popp, Cod. Monac.
pag. 55. Conf. Lang, Reg. boic. IV, 165.   [620]

„ „   („ „)   Ausser dem abte Berthold gibt auch der konvent von Fulda seine zustimmung zur übertragung der vogteirechte in Mühlheim u. s. w. an den bischof Reimboto von Eichstätt.
Conf. Popp, Cod. dipl. pag. 67.   [621]

1282
Jan. 9   (Nassbühl)   Graf Friedrich von Truhendingen bekundet, dass die vogtei über die besitzungen und
hörigen leute des klosters Sulnhoven in Mülnheim u. s. w. von Berthold, dem abt des
klosters Fulda, nunmehr wirklich auf den bischof Reimbotto von Eystetten übertragen
worden sei. Dabei wird auch die kaufsumme angegeben, die Reimboto bezahlen musste:
300 pfund heller; ferner werden die fraglichen hörigen leute, im ganzen 41, genannt.
Mitsiegler: Berthold, graf von Graysbach, patruus Friderici de Truhendingen. Zeugen: Otto dompropst zu Eystetten; Wil. propst zu Sulnhoven; Ulrich quondam decanus Herrieden; magister Gerhard, notar des abtes von Vold. Ul. und Conr. gebrüder
von Mur; Friedrich von Maylngen; Willingus von Truhendingen; Gerungus von Swainingen; Reymboto und Ulrich gebrüder von Mörnsheim; Rudiger von Dietenhouen,
milites; Heinrich, deutschordens............... aus Oetingen; Ulrich von Truhelingen;
Ulrich der jüngere von Mur; Heinrich und Conr. notare des bischofs von Eystetten;
Heinrich Cluover von Regensburg; Sengo; Heinrich von Mörnsheim und mehrere nicht
genannte. Actum et datum apud Nuzbühel 1282 V idus jan. — Falkenstein, Cod.
dipl. Eyst. pag. 72 nr. 73. Popp, Cod. Monac. pag. 57 (ergänzung zu dem verzeich-
nisse höriger leute bei Falkenstein und weitere korrekturen zu demselben). Conf. Lang,
Reg. boic. IV, 163.   [622]

„ 10   Eichstätt   Bischof Reinboto von Eystet, propst Otto, dechant Chunrad und das ganze domkapitel be-
kunden, dass abt Berthold von Fulda mit zustimmung seiner prälaten und seines konvents
und auf bitten des grafen Friedrich von Truhendingen die vogtei über güter und hörige des
klosters Sulnhoven in den dörfern Mülnheim u. s. w. an die kirche Eichstaett titulo proprietatis überlassen, Friedrich von Truhendingen dagegen als ersatz hiefür an Sulnhoven
einen hof in Merenberge, eine mühle bei Trenchtlingen u. s. w. mit einem jahresertrag

von 25 pfund heller zum eigenthom abgetreten habe. Sodann wird versprochen, dass
die genannte vogtei von der kirche Eystet nie veräussert werden solle. Zeugen:
Gotzwin scholasticus, Ulrich kantor, Heinrich von Erlungshovenn, Albert Frikko, canonici ecclesiae Eystetensis; Willhard propst zu Sulenhoven; Ulrich vordem dechant
in Herriden; magister Ilsung; magister Gotfrid; bruder Diether von Suhnhoven; bruder Chuno von Wiltzburch; magister Dietrich, notar des abtes zu Fulda; Heinrich
und Chunrad, notare des bischofs von Eystet und mehrere andere nicht genannte.
Datum et actum Eystet 1282 iiij idus jan. — Kopialbuch fol. 10 des klosters Solenhofen im königl. archiv in Nürnberg. Stein, Cod. dipl. IV, 137. Falkenstein, Cod.
dipl. Eyst. pag. 72 nr. 74 und Cod. dipl. Norimb. pag. 79 nr. 74. Schannat, Dioeces.
Fuld. pag. 290. Conf. Lang, Reg. boic. IV, 163.   [623]

Graf Friedrich von Trubendingen verpflichtet sich in übereinstimmung mit seiner gemahlin Agnes und in gegenwart des bischofs Reinboto von Eystet zu gewissenhafter voll-
ziehung der an Sulenhoven zu leistenden entschädigung. Im falle der nachlässigkeit
will er die vogtei über die zum kloster Sulenhoven gehörigen dörfer Hocholtz und
Cymirn verlieren. Ueber Mullenheim, Bernnbuch, Entern Ilagenowe und Titingen
redet graf Friedrich so, als ob er dort rechte besessen hätte, welche über die blosse
vogtei hinausgingen: advocatiam possessionum et hominum necnon totum jus nostrum,
quod in ipsis possessionibus et hominibus habuimus; von Merennberge, der mühle und
dem fischwasser bei Truchtelingen sowie von der Horlinsmühle am bache Mern sagt
er, dass sie nach inhalt des eingegangenen vertrags ihm von Fulda als lehen überlassen werden müssten, aber immerhin für Fulda einen jahreszeitrag von 25 pfund
heller, demnach eben so viel wie das, was an den bischof Reimboto gekommen war,
abwerfen würden. Ausser dem bischof Reinboto wohnten dem akte noch bei: Graf
Berthold von Greiffbach, patruus Friderici de Trubendingen, Willhard propst zu Sulenhoven, Ulrich vormals propst zu Herriden, bruder Dietherich zu Sulenhoven, bruder
Cuno zu Wilzburg, monachi. Heinrich von Witelshoven und Konrad, notare des
bischofs zu Eystet. Friedrich von Meinigin (Mayinge), Reinboto und Ulrich gebrüder
von Morenssheim, Rudiger marschalk von Dietenhoven, Friedrich truchsess von Greiff-
bach, Willung von Truhendingen, einer genannt Schupo, sämmtlich ritter. Ulrich von
Truchtelingen und Reinboto von Milenhart, laici, und viele andere nicht genannte.
Datum 1282 iij idus jan. — Kopialbuch des klosters Solenhofen im königl. archiv zu
Nürnberg fol. 14. Schannat, Fuldischer lehenshof pag. 247. Falkenstein, Cod. dipl.
Eyst. pag. 73 nr. 75 und Cod. dipl. Norimb. pag. 77 nr. 75. Confr. Lang, Reg. boic.
IV, 163.   [624]

Truchsess Albert von Phventzen, dessen eheweib Benedikta und dessen sühne Albert und
Ulrich treten ein steinernes haus in Phventzen und eine äcker, über welche beide
gegenstände streit obwaltete, ob sie eigenthum des Albert oder lehen von der kirche
Eysteten seien, an bischof Reymboto zurück mit ausnahme jedoch des kastellanierechtes,
das man sonst purchut nennt. Für das jus castellaniae, das erblich bei der familie
des Albert bleiben soll, sowie für einige bei Pfünz gelegene äcker und wiesen, mit
denen er belehnt wird, soll er 20 pfund heller an die kirche in Eysteten zahlen.
Zeugen: Graf Berthold von Grayfspach. Otto domdechant, C. domdechant, G. domscholaster, Ulr. kantor, canonici Eysteten. Bruder Heinrich, deutschordens____
Heinrich von Meilnhart, deutschordensritter in Oettingen. Ulrich genannt von Til-
lingen, priester; Ch. dekan in Maunheim; magister G. kaplau am St. Willibaldschor;
magister Ilsung; H. und C. notare des bischofs von Eichstaett; H. genannt Dürre;
B. praepositus in parochia. Mit den siegeln des domkapitels, des grafen von Grayfspach und des Alb. von Phventzen. Dat. apud Eystet 1282 pridie kal. febr. — Popp,
Cod. Monac. pag. 81.   [625]

11 *

1282

Jan. 31 | Eichstätt — Bischof Reimboto von Eystetten urkundet ebenfalls über die abtretung eines steinernen hauses und einer scheune durch Albert von Pfünzen an die kirche in Eystet, mit dem beifügen jedoch, dass Ulrich von Pfünz auf das jus castellaniae verzichtet habe. Zeugen wie in voriger nummer. — Falkenstein, Cod. dipl. Eyst. pag. 74 nr. 76. Popp, Cod. Monac. pag. 82.   [626]

Febr. 6 | (Solenhofen) — Propst Willibald von Svlnhouen und sein konvent geben ihre zustimmung, dass gegen ersatz in Mernberg u. s. w. die vogtei in Mvelnheim u. s. w. cum pleno rerum et hominum dominio an den bischof Reymboto von Eysteten abgetreten werde, um so mehr, weil in folge des druckes, den die Truhendinger geübt, von den genannten besitzungen manche seit jahren ganz verödeten. Jedoch reservirt sich das kloster die ihm bisher geleisteten dienste. Zeugen: Otto dompropst, Ch. domdechant, Gozwin domscholaster, Ulr. kantor an der kirche zu Eysteten. Ulr. genannt von Tülngen, zuvor dekan in Herriden. Magister Gotfrid kaplan am St. Willibaldschor. Magister Hawug. Magister Dietrich notar des abtes von Vvkl. Heinrich und Ch. notare des bischofs von Eysteten. Chvno mönch von Wilzburch. Sifrid, ehedem kellermeister in Sulnhouen Heinrich prediger. Heinrich von Vvbla und andere nicht genannte. Datum apud Sülhouen 1282 VIII idus febr. — Popp, Cod. Monac. pag. 67. Confr. Lang, Reg. boic. IV, 163 (wo übrigens irrig auf Falkenstein verwiesen ist).   [627]

„ 13 | (Eichstätt) — Die äbtissin Gertrud von St. Walburg in Eystet und ihr konvent überlassen dem bischof Reymboto von da die güter ihres klosters in Osterholz, die seit unverdenklichen zeiten unkultivirt geblieben sind und bei des bischofs schloss Mörnsheim liegen. Zeugen: Chunrad kaplan des bischofs; Ulr. genannt von Tüllingen; magister Hawug; Heinr. und Chvur. notare des bischofs; Heinrich Dürre stadtpropst; Berthold molendinator. Datum Eystet 1282 idus febr. — Popp, Cod. Monac. pag. 82.   [628]

„ 17 | Eichstätt — Bischof Reimboto, propst Otto, dekan Konrad und das ganze domkapitel verbieten das um weihnachten gebräuchliche bischofsspiel, das von schülern ausgeführt häufig mit exzessen, selbst schon mit todschlag geendigt, und von den domherrn der reihe nach bezahlt deren pekuniären ruin herbeigeführt hat. Wer in zukunft solche spiele wieder anordnet, soll exkommunizirt werden und sein pfründeeinkommen auf zwei jahre verlieren; wer sich aktiv betheiligt oder andere zur theilnahme bewegt, verfällt ebenfalls der exkommunikation und verliert, wenn er scholar oder auch kapitular ist, sein pfründeeinkommen auf ein jahr. Dagegen soll jeuer domherr, welcher den turnus nach eben die kosten für die ludi episcopales zu tragen hätte, 6 pfund heller zur herstellung von kirchenornaten bezahlen; zaudert er, so wird sein pfründeeinkommen konfiszirt. Sollte das kapitel nicht selber diese punkte genau durchführen, so wird es der bischof in eigener person thun. Actum et datum Eystet 1282 XIII kal. martii. — Falkenstein, Cod. dipl. Eyst. pag. 75 nr. 77. Confr. Sultner, Gesch. des seminars in Eichstätt pag. 46 und Eichst. pastoralbl. 1 (1854), 52n. *vergl. 1296 Juni 18.*   [629]

„ 21 | (Niederschwaningen) — Bischof Reimboto von Eistetten und Leopold von Wiltingen sprechen urtheil wegen verschiedener güter in Surheim, Rute, Gerwigerstorf, Breitenbrunne, Willenldorf, Merchendorf und Nuesez sowie der beiden waldungen Craftholz und Hoholz, welche sämmtlich 1275 von dem grafen Ludwig von Oettingen an das kloster Halsprunne und an die Nürnberger bürger Hermann Steiner und Konrad Vorchtel verkauft worden waren, welchen verkauf aber Friedrich von Truhendingen und dessen gemahlin Agnes (zuvor mit Ludwig von Oettingen vermählt) angefochten hatten. Zeugen: Chunrad Kropf von Vestenberg, Burchard von Sackendorf, Heinrich schenk von Arberch. Datum et actum 1282 mense februarii primo sabbato post dominicam „Invocabit" in villa Niedernswaningen. — Lochner, Nürnberger jahresber. heft II pag. 67. Lang, Reg. boic IV, 173.   [630]

1282		
März 7	Spielberg	Graf Friderich von Truhendingen und Agnes, dessen hausfrau, unterwerfen sich dem ausspruche, den bischof Reimboto zu Eystet und der kaiserliche dienstmann Lupold von Wiltingen zwischen ihnen sowie dem abt Heinrich und dem konvent zu Haylsprunne wegen der güter zu Surheim, Ruthe, Gerwigesdorf, Breitenbrunne, Willendorf, Merkendorf, Nuesez und der zwei wälder Kraftsholtz und Hoboltz gethan, und verzichten auf diese güter. Mitsiegler: Reimboto, bischof zu Eystet; Ladewic von Oetingen und Berthold von Graiphapach, grafen. Acta sub castro nostro Spilberg via regia 1282 mense martio sabbato proximo ante dominicam, qua cantatur Laetare Jerusalem. — Kopialbuch des klosters Heilsbrunn im königl. archiv zu Nürnberg fol. 273. Loehner, Nürnberger jahresber. heft II pag. 67. Lang, Reg. boic. IV, 175. [631]
„ 15	„ „	Bischof Reimboto von Eichstaett und Leopold von Wiltingen werden von Friedrich von Truhendingen und seiner gemahlin Agnes in der streitsache dieser letzteren gegen das deutschordenshaus in Eschenbach über besitzungen zu Biberbach als schiedsrichter angenommen. Mitsiegler: Bischof Reimboto; graf Ludwig von Oettingen; graf Berthold von Greifensbach. Zeugen: Bruder Hertwic priester; bruder Konrad von Steinelbach; bruder Harbo von Hoonburck, letztere sämmtlich aus dem ordenshause Eschenbach. Friedrich von Pruckenberg, Friedrich des vorigen sohn; Hermann und Albert brüder von Vestenberg; Heinrich schenk von Arbergh, Rudger und Friedrich von Viechtenhofen. Actum sub castro Spielbergk via regia ydus marcii 1282. — Baader, Urkundenauszüge im 29 jahresber. des histor. vereins von Mittelfranken pag. 18. [632]
Mai 1	(. . . . .)	Albert von Pfuenzen und dessen söhne Albert der jüngere und Ulrich verpfänden ihre bei der mühle Almunscmmael gelegene wiese für 20 pfund heller an den bischof Reimbotto von Eystett, von dessen kirche sie dieselbe zu lehen gehabt. Mitsiegler: Dompropst Otto von Eichstätt. Acta 1282 kalendas maji. — Falkenstein, Cod. dipl. Eyst. pag. 76 nr. 78. Popp, Cod. Monac. pag. 105. Lang, Reg. boic. IV, 181. [633]
„ 16	Ulm	Bischof Reimboto von Eichstaett erscheint nebst den bischöfen von Augsburg und Brixen und mehreren weltlichen fürsten als zeuge in einer urkunde, laut deren könig Rudolf I den bürgern von Bibrach alle gnaden, freiheiten und rechte bestätigt, welche denselben von den deutschen königen oder kaisern bis zur absetzung des kaisers Friedrich II verliehen worden. — Stillfried, Monum. Zollerana, urkunden der fränkischen linie nr. 256. Böhmer, Regesten des königs Rudolf pag. 113 nr. 671. [634]
Juni 6	Eichstätt	Reimboto bischof zu Eystet schlichtet die irrungen, die zwischen dem abt Berhtold zu Wilsburch und dessen konvent einerseits, dann dem herrn Albert Waller ritter von Bertholdesheim und dessen bruder Walther andererseits wegen einiger hörigen leute, nämlich der brüder Wolfram und Ludewig von Berhtoldesheim, des Fridrich Toder von Rayne und der verwandtschaft beider obwalteten, mit rath frommer männer dahin, dass die Waller jene leute wie bisher behalten und deren dienste fordern; die gedachten leute aber auch dem abt und kloster die gebührlichen zinsen und reichnisse geben sollen. Mitsiegler: Berchtold abt zu Wilsburch und Berchtold graf zu Craysbach. Actum et datum Eystet 1282 viii idus junij pontificatus nostri anno tertio. — Kopialbuch des klosters Wilzburg im königl. archiv zu Nürnberg fol. 27b. Falkenstein, Cod. dipl. Norimb. pag. 74 nr. 68. Jung, Antiquit. Wilzeburg. pag. 21. Lang, Reg. boic. IV, 183. [635]
Juli 4	. . . . .	Bischof Reimboto von Eysteten gibt seine zustimmung dazu, dass Heinrich von Hoffsteten, schenk des grafen von Hirzperg und ministeriale der kirche Eysteten, im einverständniss mit seinem eheweib Benedikta die wiese Schameraw, die Heinrich ursprünglich als lehen von Eichstätt innegehabt, von bischof Hilteprand aber gegen die darangabe von zwei höfen auf dem berg bei Eysteten, genannt die Noinhoue, als eigenthum erworben hatte, zum heile seiner seele an das kloster Rebdorf abtrete. Hilt-

12

1282		prand hatte propter ipsius brevem vitam den vertrag nicht mehr bestätigen können. Mit dem siegel des bischofs und des domkapitels. Datum et actum 1282 IV nonas julij. — Stein, Cod. dipl. I, 417. Conf. Lang, Reg. boic. IV, 185. [636]
Juli 25	Eichstätt	Bischof Reimboto von Eystet ertheilt dem abte Trutwin von Kaisheim und dessen konvent die vollmacht, von gütern, welche zur kirche Eystet gehörten, aber den brüdern Gebhard und Friedrich, landgrafen von Liügkenberk, als lehen überlassen waren, ein einkommen von 24 pfund heller zu erwerben. Datum Eystet 1282 VIII kal. aug. — Popp, Cod. Monac. pag. 202. [637]
sine die	Schoppfloch	Bischof Reimboto von Eisteten ist neben dem grafen Hertbold von Greifenbach mitsiegler einer urkunde, laut deren Chunrad genannt Guggenberg, sohn des ritters Ulrich von Schoppfeloch, seiner gemahlin Agnes für ihre im dorf Tricsdorf gelegenen, nunmehr aber um 80 pfund heller an das kloster Halsprunne verkauften ausstouergüter eine mühle bei Schoppfeloch am flusse Wernzza und andere güter in Tymbach zuweist. Acta in villa Schoppfeloch. — Lang, Reg. boic. IV, 193. [638]
		Die Reg. boic. haben das datum: V idus sept. (9 sept.), was nicht in das itinerarium passt.
Sept. 6	. . . . .	Bischof Reinboto ist mitsiegler der urkunde, laut deren die brüder Cunrad und Heinrich von Salbach dem kloster Wilzburg das patronatsrecht bei der kirche in Salbach bestätigen, welches ihr dritter bruder Ulrich, nunmehr mönch in Wilzburg, diesem kloster geschenkt hatte. Actum et datum 1282 viii idus sept. — Kopialbuch des klosters Wilzburg im königl. archiv zu Nürnberg fol. 28b. [639]
„ 9	Aschaffenburg	Auf einer provinzialsynode in Aschapfenburg gegenwärtig stellt bischof einen ablassbrief für die St. Andreaskirche in Fulda aus. Dat. mcclxxxij in crastino nativitatis Virginis gloriosae. — Harzheim III, 672. [640]
„ 10	Würzburg?	Bischof Reimboto von Eisteten stellt einen ablassbrief aus für das kloster Himmelsporten zur herstellung eines steinernen hauses. — Lang, Reg. boic. IV, 193. [641]
		Lang hat: Bürkl Hildenbenele et Reimbotonis Eisletensis indulgentias etc. Datum Aschaffenburt et Herbipoll.
„ 13	(Aschaffenburg)	Auf ersuchen des bischofs Reimbotto von Eichstätt gibt der erzbischof Werner von Mainz ablass für das kloster St. Walburg in Eichstätt — (Luidl), Eichstättisches beiligthum III, 91. Lang, Reg. boic. IV, 193. [642]
„ 23	(. . . . .)	Rudolph von Gundelsheimb hat Leuberloch, welches die brüder Konrad und Rudolph von Hürnheimb als lehen, er selber als afterlehen der kirche Eystett besass, an den priester Walther, den prokurator des hospitals St. Maria in Abausen verkauft. Da aber bischof Reymboto hiegegen als gegen eine beeinträchtigung seiner kirche protestirt, so erlässt Friedrich von Leutersheim, der schwiegervater des Rudolph von Gundelsheim, dem bischof Reimbotto zum ersatz für Leuberloch XXX solidi von der summe, welche Eichstaedt an ihn für einen hof in Pfloumfeld zu zahlen hatte, und der graf Ludwig von Oettingen gibt dazu seine zustimmung, cum haec venditio a nobilibus suis sit patrata. Zeugen: Heinrich abt von Ahausen und dessen konvent; Ulrich von Steinheim, Friedrich von Meigingen und Konrad von Lentersheim, milites. Actum 1282 VIIII kal. oct. — Falkenstein, Cod. dipl. Eyst. pag. 76 ur. 79. Popp, Cod. Monac. pag. 71. [643]
Okt. 7		Falkenstein hat das datum: VIII kal. oct.
und 19	(Eichstätt)	Ekkehard und Heinrich, brüder von Gerenstein und getreue der kirche zu Brixen, thun kund, dass sie in ihrem streit gegen den bischof Reymbotto von Eysletten wegen des gutes Pinzagen bei Brixen vor dem päpstlich delegirten richter, dem propst von St. Georg ausserhalb der mauern zu Augsburg, auf alles recht verzichtet haben, das sie von ihrem oheim Reimbert de Wisperch her oder aus einem andern grund zu besitzen vermeinten, mit ausnahme jedoch der vogtei, welche sie als pfand von dem grafen Mainhard von Tyrol inne haben. Zeugen: Eberhard propst von Brixen; M. dekan; Friedrich domscholaster und kanoniker, Friedrich und Heinrich genannt Taberne; der edle graf Eberhard von Kirchberg; Friedrich quondam officialis. Engel-

1282 Okt. 7 und 19	(Eichstätt)	marus in fine (!); Heinricus plebanus von St. Gotehard; Albertus und Cunradus dicti Zinzingarii cives. Actum Eystet 1282 nonis octobris, sed Brixine effectui mancipatum xiiiij kal. nov. — Falkenstein, Cod. dipl. Eyst. pag. 77 nr. 60. Popp, Cod. Monac. pag. 102. Vergl. oben 1272 nov. 9. [644] Die gleichen bekennen, dass Eichstättische gut Pinzagen durch bischof Reynboto von Eysteten auf vier jahre in pacht erhalten zu haben gegen eine zahlung von 90 pfund Veroneser hellern im ersten und von 60 dto. in jedem folgenden jahre. Mitsiegler: Bischof Bruno und das kapitel von Brixen; der graf Mainhard von Tyrol. Zeugen: Eberh. dompropst; M. dechant; Friedrich scholasticus; Friedrich und Hainrich beide genannt Taberne; Eberhard graf von Clürchperch; Ulrich kapellan; Heinrich priester; der stadtrichter; Friedrich ehemaliger amtmann; Albert und Cunrad genannt Zinzingari; Engelmarus in fine et alii quam plures. Actum in Eysteten 1282 nonis octobris, sed Brixine effectui mancipatum xiiij kal. nov. — Popp, Cod. Monac. pag. 101. [645]
Nov. 8	Greisbach	Bischof Reinboto von Eystet siegelt die urkunde, laut deren graf Berthold von Greyspach den Brückenhof (curia pontis) an den abt von Wilzenburch verkauft. Datum Greyspach 1282 IV idus nov. — Schütz, Corpus histor. Brandenb. abhandl. IV pag. 129. [646]
„ 23	Hailsbrunn	Bischof Reinboto von Eysteten, burggraf Friedrich von Nurenberch und graf Ludwig von Otingen (Oettingen) bestimmen als schiedsrichter in dem streite zwischen dem dompropst Otto, dem domdechant Cunrad und dem ganzen domkapitel zu Eisleten einerseits und dem burggrafen Cunrad von Nurenberch andererseits über das patronatsrecht der kirche zu Pfaffenhoven (bei Roth), dass der burggraf dasselbe nebst zugehörungen dem domkapitel zurückgeben und alles durch seinen vater oder durch ihn in eigener person an wen nur immer, namentlich aber an den Kuedorfer abgegebene zurückerwerben müsse. Dagegen soll das domkapitel dem burggrafen, um allen vexationen ein ende zu machen, 100 pfund heller sogleich und 150 pfund heller am nächstkommenden sonntag Laetare (8 märz 1283) ausbezahlen. Zeugen: Gotfrid von Hoheuloch, Gotfrid von Haidekke; Wolfram advocatus von Dornberch, milites; Sigfrid von Tunschalkingen, Seifrid von Phalheim, Ludwig von Sekendorf, Heinrich schenk von Arberch, Rudeger und Friedrich gebrüder von Dietenhoven. Actum in claustro Halsprunnen 1282 in die Clementis. — Pergamentdiplomatar des Eichst. domkapitels pag. 4h. Stillfried, Monum. Zollerana II, 150. Riedel, Die anherrn des preussischen königshauses pag. 94. [647] Am 26 april 1283 quittirt burggraf Chuzrad von Nürnberg den empfang obiger 250 pfund (Lang, Reg. boic. IV, 211). Ueber das gleiche patronat vergl. unten 1255 nov. 23.
1283 Jan. 8	(Eger)	Landgraf Heinrich von Leuchtenberg gibt dem bischof Reinboto von Eysteten alle lehen zurück, welche ihm von dessen kirche überlassen worden waren. Zeugen: Bruder Herman, k..... des deutschordenshauses in Eger; dessen bruder frater H., frater Frauko, frater H. von Monechervthe, frater Chnrad de Plawe, sacerdotes; frater Winharl de Rist. (Regensburg); frater Albertus Heckil; Gotfridus de Worz et quam plures alii. Datum in civitate Egra 1283 VI idus jan. — Falkenstein, Cod. dipl. Eyst. pag. 77 nr. 81. Popp, Cod. Monac. pag. 53. Lang, Reg. boic. IV, 202. [648]
März 7	(Eichstätt)	Mathias deutschordenspräzeptor in Deutschland als stellvertreter des grossmeisters, Dietrich magnus praeceptor Achonensis (Akkonensis?), Konrad von Fuhtewang provinzial in Franken, Hermann von Munrichstatt k....... und der ganze deutschordenskonvent in Swinfurt bekunden, dass das bisherige Benediktinerkloster in Schweinfurt, in der diözese Würzburg gelegen, aber „in temporalibus" mit vollem rechte zur kirche Eysletten gehörig, wegen eingetretenen verfalls den ordensrittern von bischof Reinboto überlassen worden sei, jedoch mit ausnahme der güter, welche bisher von den vorfahrern des bischofs Reimboto oder von den äbten in Schweinfurt selbst als mannlehen an andere übertragen wurden, und unter der bedingung, dass die ordensritter jährlich an Epiphanie oder in den nächsten vierzehn tagen darauf drei und eine halbe

12 *

mark silber bezahlen und zwar in Eichstätt selbst und nach Eichstätter gewicht. Zeugen auf seiten des bischofs: Otto dompropst, Konrad domdechant, Gosevin domscholaster, Ulrich domkantor; magister Ilsung; Heinrich und Konrad die notare des bischofs. Zeugen auf seite des ordens: Bruder Heinrich genannt schenk, bruder Ludowic priester und pfarrer in Ellingen, bruder Marquard von Meizzingen kommandeur in Ellingen; bruder Chonrad von Berchaim, Heinrich schenk von Hofstetten, Willehalm, milites. Heinricus praepositus domini episcopi apud Eystett dictus Dürr. Actum et datum 1283 nonis marcii. — Falkenstein, Cod. dipl. Eyst. pag. 78 nr. 83. Popp, Cod Monac. pag. 94. *Dat praepon̄. d. ii rottlifa Halbgeysst.*   [649]
    Statt nonis marcii hat Falkenstein: nono marcii.

1283 sine die	Eichstätt	Bischof Reimboto von Eichstätt urkundet in ähnlicher weise, wie der deutschordenspräzeptor Mathias und seine genossen über die abtretung des klosters Schweinfurt (vid. vorige nummer). Zeugen: die nämlichen wie oben, nur lautet der name des letzten einfach: Heinricus praepositus noster (scil. episcopi). — Falkenstein, Cod. dipl. Eyst. pag. 79 nr. 84. Ussermann, Episcopatus Wirzeburg. cod. probat. pag. 64 nr. 74. Lang, Reg. boic. IV, 237. Popp, Cod. Monac. pag. 103. [650]

In Gottfr 1283 Eichstätt?   Im jahre 1447 verweist bischof Johann III von Eich auf synodalstatuten seines vorgängers Reimboto (Falkenstein, Cod. dipl. Eyst. appendix pag. 50). Wegen der zeugen in den vorausgegangenen zwei urkunden vermuthet man, Reimboto habe seine synode im jahre 1283 gehalten. — Conf. Eichst. pastoralbl. I (1854), 47b.   [651]

März 26	„ „	Bischof Reimboto vidimirt die abschrift einer bulle, durch welche papst Innocenz IV am 25 nov. 1254 das Zisterzienserinnenkloster zum heil. Kreuz in Cimbern (Zimmern) in seinen schutz aufnimmt und mit privilegien begabt. Jedoch fehlt im Vidimus die bestätigung des klostergutes, die in der bulle des papstes enthalten ist. Datum VII kal. april. — Originalpergament im fürstl. archiv zu Wallerstein (das siegel fehlt). [652]

Das datum, durch das ein riss geht, könnte allenfalls auch lauten: VI kal. april.

Juni 1	(. . . . .)	Auf bitten des bischofs Reinboto von Eysteten verleiht bischof Berthold von Bamberg ablass für das kloster Sulnhoven und zwar am feste des heil. Sola, an seinem translationstag und an der kirchweihe. Datum mcclxxxiii indictione xi, kalendis jun. — Pergamentoriginal mit siegel im königl. reichsarchiv in München, kloster Solenhofen. Falkenstein, Cod. dipl. Noriub. pag. 61 nr. 76. Jung, Miscellan. II, 128. Stein, Cod. dipl. IV, 133. Lang, Reg. boic. IV, 215. [653]

Aug. 3	(Regensburg)	Graf Gebhard von Leuchtenberg verzichtet gegen eine geringe geldsumme neuerdings auf die Eichstättischen lehen und verspricht, dem bischof Reimboto zur lösung aller über diese lehen etwa künftig entstehenden streitigkeiten behilflich zu sein. Zeugen: Dompropst Ulrich von Regensburg, domdechant Chonrad von ebendort; B. Kammerethy und Heinricus Paganus, archidyaconi; H. von Oberndorf und H. inter Latinos, kanoniker von Regensburg; bruder H. kommandeur des hauses zum heil. Egidius in Regensburg; bruder Mar. genannt Maezinger, kommandeur in Ellingen; Friedrich sacerdos Tamyanus und Libhard, vicarii chori; Marquard kaplan des propstes; Lavanus, H. vravnbergarius et alii quam plures. Datum et actum Ratisponae III nonas aug. — Falkenstein, Cod. dipl. Eyst. pag. 81 nr. 67. Popp, Cod. Monac. pag. 52 (darnach das datum). [654]

Falkenstein hat: nono augusti, Popp. nos. (nonis) aug.

Okt. 7	(Eichstätt)	Heinrich schenk des grafen Gebhard von Hirpereh verschafft dem domkapitel, von welchem er einen maierhof in Isenbrunne auf lebenszeit zum niessbrauch erhalten hatte, die vogtei über diesen hof, welche vogtei bischof Reimboto als oberherr dem grafen Gebhard von Hirzberg zum lehen, Gebhard von Hirzberg aber dem Chunrad von Rügshoven zum afterlehen überlassen hatte. Schenk Heinrich kauft nun einen hof in Rügshoven und übergibt ihn dem Chunrad von Rügshoven, damit ihn derselbe besitze als lehen von Hirz-

1283 Nov. 13	Eichstätt	perch und zum ersatz für die erwähnte vogtei; bischof Reimboto aber eignet diese vogtei gänzlich dem domkapitel (schenk Heinrich urkundet). — Pergamentdiplomatar des Eichst. domkapitels pag. 7a.	656	Bischof Reinboto von Eystetten und mit ihm dompropst S.(?) und domscholaster G. vergleichen in freundschaftlicher weise den abt Albert von Rebdorf und dessen konvent einerseits, sodann die bürger von Wassertrüdingen und die dortigen burginsassen (castellani) andererseits wegen des schadens, welcher von den Wassertrüdinger bürgern und kastellanen auf den Rebdorfischen weiden beim schlosse Wassertrüdingen und bei dem gute Ueylesheim zugefügt worden. Obschon sich der schaden auf längere jahre ausgedehnt hatte, sollen die Wassertrüdinger doch nur für den von drei jahren bitssen mit 3 metzen haber Eichstätter m00es und mit 3 pfund heller. Für die gehörige entrichtung ist der ritter Frikko von Wassertruhending haftbar. Actum et datum Eystet 1283 idus novembris. — Stein, Cod. dipl. I, 72. Lang, Reg. boic. IV, 231. Schöpperlin, Historische schriften II, 374.	656	Bischof Reinboto urkundet über die annahme vorstehenden richterspruchs. — Stein, Cod. dipl. I, 73.	657	Im jahre 1804 stellen die Eichstätter richter ein Vidimus vom urtheile Reinboto's aus (Stein, Cod. dipl. I, 73).
„ 0	Mörnsheim	Bischof Reinboto genehmigt, dass sein bruder, ebenfalls Reinboto genannt, für das seelenheil seines sohnes Heinrich eine hube in Burchmanshoven an das kloster Kaisheim schenke. Datum Moernsheim(?) novembris. — Lang, Reg. boic. IV, 234.	658	
eine die (......)		Heinrich ritter von Reichenbach, dessen ehefrau und dessen söhne Erkenger und Heinrich entsagen ihrem streit mit dem bischofe Reymboto von Eystett über ein gut in Breitenthanne, das dem Mainward von Arberch gehört hatte, und gestehen kein recht darauf zu besitzen. Für den ersatz wegen der im letzten jahre durch Heinrich von Reichenbach widerrechtlich perzipirten früchte verbürgen sich Albert genannt Fricko, domiherr in Eystetten; der kustos der kirche in Herrieden; der dekan von Heimfurth, kanonikus in Herrieden; magister Ilsung, magister Konrad; Henricus praepositus. Data et facta sunt haec 1283. — Falkenstein, Cod. dipl. Eyst. pag. 80 nr. 85. Popp, Cod. Monae. pag. 51.	659	
1284 Apr. 26	Heilsbrunn	Bischof Reimboto von Eystet verleiht für den Marienaltar in der krypta der Sebalduskirche zu Nürnberch einen ablass von 40 tagen criminalium und 100 tagen venialium, unter der bedingung, dass der diözesanbischof (der von Bamberg) seine zustimmung gibt. Datum apud Halsbronne 1284 VI kal. maij. — Pergamentoriginal mit siegel im königl. reichsarchiv zu München, Nürnberger kirchen. Lang, Reg. boic. IV, 263. Lochner, Nürnberger jahresber. heft II pag. 70.	660	
Juli 11	Haag	Bischof Reinboto von Eystetten erlässt mit zustimmung des dompropstes Otto, des domdechants Cunrad und des ganzen domkapitels dem kloster Halsprunne das reichniss von jährlich 200 käsen, wozu dieses kloster wegen seiner besitzungen in Steinberg verpflichtet gewesen. Dagegen tritt Halsprunne an den bischof Reinboto das dörflein Rütenbach ab. Mitsiegler: Das kapitel. Zeugen: bruder Ludowic von Offenheim; magister Heinrich, die notare Heinrich und Cunrad, kanoniker von Herrieden. Herr Marquard von Mur; Heinrich schenk von Arberch; Rüdiger marschalk; Rudger und Friderio seine brüder, genannt von Dietenhoven, ritter. Cunrad von Hirzlachen; der brüder Heinrich von Mekkenhusen, Voland und Sifrid, mönche in Halsprunne: bruder Sifrid, convers. praepositus (laikalpropst?) des klosters. Acta in villa quae dicitur Hago sita juxta castrum Arberch 1284 V idus jul. — Heilsbrunner kopialbuch 1 fol. 154b im königl. archiv zu Nürnberg. Lang, Reg. boic. IV, 265.	661	
„ „ (- „)		Abt Heinrich, prior Heinrich und der ganze konvent des klosters in Halsprunne urkunden über die gleiche sache. Von Rütenbach wird gesagt, dass es 10 pfund heller zahlte.

1284 Sept. 6	(Wernfels)	Zeugen: Bruder Ludewic von Uffenheim; magister Heinrich; Heinrich und Chvnrad. Acta sunt haec in villa quae dicitur Hago etc. indictione XIII. — Popp, Cod. Monac. pag. 84. [662] Albert von Rindsmvl schenkt und verkauft mit zustimmung seiner gemahlin Adelheid sowie mit zustimmung des burgrafen Konrad des jüngeren von Nürnberg und dessen gemahlin Agnes das schloss Werdenfels, einen waldtheil u. s. w., welche objekte er als burggräfliche lehen besass, um 1000 pfund heller an den bischof Reimboto von Eystetten, nachdem schon zuvor burggraf Konrad das eigenthumsrecht darüber an ebendenselben Reimboto verkauft hatte. In den gleichen vertrag schliesst Rindsmvl ein einen hof unmittelbar unter dem schlosse, zwei höfe in Teulnberg und einen weinberg, die ihm nach eigenthumsrecht angehörten; ferner ein wildgehege bei Gerritsbach, ein anderes bei Erlbach und sein fischrecht in der Raticena (Rezat), doch müsse ihm der bischof für jedes dieser letzteren güter ein anderes dem ertrag nach äquivalentes geben und zwar nach seiner (des Rindsmvl) auswahl. Bürgen für die richtige zahlung sind: Burggraf Konrad, dann die ritter Hermann von Vestenberg, Meinward von Oberndorf, Heinrich von Ololnheim, der bischöfliche marschall Rudger von Dietlenhoven auf Sandsee, Marquard von Mur, endlich die brüder Reimboto und Ulrich von Blürensheimb. Die genannten sollten bei nichteinhaltung des terminus nach Nürnberg kommen und dort auf kosten des bischofs so lange bleiben müssen, bis alles in ordnung gebracht wäre. Adelheid, die gemahlin des Albert von Rindsmaul solle in den verkauften wäldern, so lange sie lebe, bienen halten dürfen. Zeugen: Burggraf Konrad von Nürnberg; Ramungus von Kamerstain; Ludwig von Sekendorf; Otto von See dompropst von Eystetten und bruder Heinrichs von Oettingen, des deutschordenskomenthurs in Oettingen; Heinrich von Witolsheim und Konrad vom Wald, notare; Heinrich von Elrechshausen; Conrad Vrike; Rudger der jüngere von Dietenhoven und dessen bruder Fridrich; Wolflin ritter von Eschenbach; Ramungus und Chvnrad von Swarzpart; die ritter von Kamerstain; ritter Hiltprand von Kazwaug; Rudger richter von Windspach; Friedrich kämmerer von Reichenbach; Ramungus von Myngenawe und dessen sohn; Konrad von Meimbresdorf genannt Oslin. Mitsiegler: Reimboto bischof von Eystetten; dessen domkapitel: graf Ludwig von Oettingen; Konrad der jüngere burggraf zu Nürnberg. Datum et actum in Werdenfels 1284 VIII idus septembr. — Original im königl. reichsarchiv in München. Falkenstein, Cod. dipl. Eyst. pag. 83 nr. 90. Stüllfried, Monum. Zollerana, urkunden der fränkischen linie nr. 291. Oetter, Gesch. der burggrafen von Nürnberg, versuch 1 pag. 363. Verhandl. des histor. vereins von Oberpfalz und Regensb. XX, 101. Popp, Cod. Monac. pag. 65 (daraus die zeugen). [663]
Nov. 0	Hailsbrunn	Bischof Reimbot von Eichstaett weiht in Hailsbronn den neuen chor und das ganze münster mit ausnahme der kapellen. — Hocker, Hailsbronnischer antiquitätenschatz, supplement pag. 15. [664]
1285 Febr. 17	(Nürnberg)	Albert von Rindsmul der acltere bekennt, für seine zugleich mit dem schlosse Werdenfels an den bischof Reimboto von Eystetten abgelassenen eigenen güter entsprechenden ersatz in Hadwarsdorf, Brvnst und Solzekirchen erhalten zu haben, jedoch so, dass er wohl über den ertrag der von Eichstätt an ihn abgetretenen güter, nicht aber über die güter selbst freies dispositionsrecht habe. — Falkenstein, Cod. dipl. Eyst. pag. 85 nr. 91. [665]
vor März 8	(. . . . . .)	Bischof Reimboto von Aistet erhält sammt dem bischof von Konstanz und dem abt von Salem durch papst Martin den auftrag, den für Salzburg gewählten Rudolph zu prüfen und im falle der würdigkeit als erzbischof zu bestätigen. — Annal. sancti Rudberti Salisburgenses bei Pertz IX, 809. Hansiz, Germ. sacra II, 395. [666]
März 8	Salzburg	Der bischof Reimboto von Aistet und der abt von Salem nehmen ohne Rudolph von Kon-

1285		
		stanz, den krankheit hindert, die kanonische prüfung des für Salzburg gewählten Rudolph vor. — Quelle wie in der letzten nummer. [667]
März 9	Salzburg	Bischof Reimboto von Aistet und der abt von Salem bestätigen die wahl des obigen Rudolph, der sogleich am folgenden tage konsekrirt wird. — Quelle wie in der vorletzten nummer. [668]
Aug. 30	(Regensburg)	Aliron de Riccardis, kanonikus bei St. Markus in Venedig, erwähnt in einem schreiben für Regensburg, dass sich die diözese Eystetten zu einem zehent für das heilige land verstanden habe. — Ried, Cod. dipl. Ratisbon. I, 609. [669]
Nov. 23	Eichstätt	Bischof Reimboto von Aistet überträgt das patronatsrecht an der kirche zu Pfaffenhoven (bei Roth), das früher die burggrafen Friedrich der ältere, dann dessen söhne Friedrich der jüngere und Chunrad ausgeübt, bischof Reimboto aber mit hilfe seines domkapitels rekuperirt hatte, auf dieses kapitel; desgleichen eignet er seinem kapitel die einkünfte dieser pfarrkirche. Jedoch müssten die kapitulare für den unterhalt eines beständigen vikars sorgen und von der octava sanctissimae Trinitatis angefangen bis zum ersten sonntag im advent an jedem samstag das andenken an die allerseligste Jungfrau feiern durch das gemeinschaftliche abbeten ihrer vollen tagzeiten im chore und durch das lesen ihrer messe. Datum et actum Eystet 1285 VIIII kal. decembr. — Original im königl. reichsarchiv zu München. Pergamentdiplomatar des Eichst. domkap. pag. 13a. Stillfried, Monum. Zollerana, urkunden der fränkischen linie nr. 299. Lang, Reg. boic. IV, 269. Riedel, die ahnherrn des preussischen königshauses. [670]
		Ueber das officium de beata Virgine an den samstagen berichtet auch eine notiz im kalendarium des Gundekarischen pontifikalbuchs zum 26 aug.
Dec. 9	(. . . . .)	Ulrich von Sulzbürg vermacht für den fall, dass er nicht noch ein neues testament anfertige, alle güter und hörigen leute, die er von der kirche in Eystetten zu lehen hat, wieder dieser kirche, namentlich die güter und hörigen in Altenvelt und Aleroperch. Jedoch soll der bischof von Eichstätt nach dem rath des dekans G. von Mazingen und desjenigen priesters, den Ulrich zum beichtvater hätte, fünf jahre lang, vom tode Ulrich's an gerechnet, aus dem ertrag des zurückgegebenen allen verletzten schadenersatz leisten. Zeugen: Dekan Goswin von Messingen; Ulrich, dessen kammerer; der propst genannt Duris; herr Witoltshoven et alii quam plures. Acta 1285 dominica proxima post Nicolai. — Falkenstein, Cod. dipl. Eyst. pag. 86 nr. 92 (hat nur das jahr, nicht den tag). Lang, Reg. boic. IV, 290. Popp, Cod. Monac. pag. 102. [671]
″ 17	. . . . .	Möglicher weise könnte das auch der 16 sept. oder der 18 november sein. Reunboto, bischof von Eistet, schenkt mit zustimmung seines kapitels alle früchte und einkünfte der pfarrei Mündling, deren patronatsrecht dem kloster zum heil. Kreuz in Werdo (Donauwörth) gehört, an Heinrich, den abt dieses klosters. Zeugen: D. Trutwin, abt von Caesarea (Kaisheim); D. Heinrich, abt von Halaprun; D. Otto, propst von Eichstnett; Ulrich, dekan; Geoswin, scholasticus; Ulrich, kantor; Bernard, thesaurarius; Heinrich und Ulrich von Erlangeshoven, Albert, Frieco, Ulrich von Schoven oblaicus, Konrad von Barsberg, Heinrich von Landfrithoven, kanoniker der kirche Eichstaett. Mitsiegler das kapitel Eichstaett. Datum 1285 XVI kal. jan. — Königsdorfer, Gesch. des klosters zum heil. Kreuz in Donauwörth I, 414. [672]
1286		
Jan. 19	Augsburg	Bischof Rainboto von Eystet verleiht einen ablass von 30 tagen criminalium und 80 tagen venialium für diejenigen, welche zum armenspital in Dylingen eine unterstützung geben, unter der bedingung jedoch, dass der diözesanbischof seine zustimmung gebe. Datum Augsburg 1286 XIII kal. febr. — Pergamentoriginal mit siegel im königl. reichsaarchiv zu München, hochstift Augsburg. Monum. boic. XXXIII. 1, 174. Lang, Reg. boic. IV, 297. [673]
		Am 20 jan. 12—6 hält könig Rudolf I grossen hoftag in Augsburg (vid. Böhmer, Reg. imperii von 1246 bis 1313 pag. 129).
″ 94	″ ″	erscheint als zeuge in einer Urkunde des königs Rudolf I, durch welche derselbe dem

13*

		kloster Heiligenkreuz in Oesterreich ein von kaiser Friedrich II dd. Wien jan. 1237 verliehenes privileg erneuert. — Hergott, Monum. domus austriacae I, 232. Fontes rerum austr. abtheil. II bd. XI pag. 249. Conf. Böhmer, Reg. imperii von 1246 bis
1286		1313 pag. 130 nr. 856. · [674]
Jan. 27	Augsburg	Auf bitten des bischofs Remboto von Eichstaett schenkt könig Rudolf dem hochstift Eichstaett den wildbann im Stainberger vorst. Zeugen: Erzbischof Rudolf von Salzburg; die bischöfe Heinrich von Basel, Wernhard von Passau, Hartmann von Augsburg und Heinrich von Regensburg; der pfalzgraf Ludwig II und dessen bruder Heinrich von Niederbayern; Albert und Rudolf, die söhne des königs; der landgraf Friedrich von Thüringen, der graf Maynhard von Tyrol. Datum Augustae VI 1286 VI kal. febr. indictione XIV, anno regni XIII. — Pergamentoriginal im archiv des germanischen museums zu Nürnberg. Eichstaett contra Ansbach und Bayreuth, urkundenbuch pag. 7 nr. 5. [675]
Febr. 1	„ „	Bischof Reinpot von Eichstaett erscheint unter den zeugen in der urkunde, durch welche könig Rudolf I den grafen Meinhard von Tyrol mit dem herzogthum Kärnthen belehnt, welches herzogthum der könig am 27 dec. 1282 seinen söhnen Albrecht und Rudolf übertragen hatte, das aber diese letzteren wieder aufgaben. — Original im kaiserlichen haus- und staatsarchiv zu Wien. Gerbert, Cod. epistolaris Rudolfi Romanorum regis pag. 217. Stögemann, Ueber die vereinigung Kärnthens mit Oesterr. in den Sitzungsberichten der kaiserl. akademie der wissenschaften bd. XIX pag. 251. Stillfried, Monum. Zollerana, urkunden der fränkischen linie nr. 306. Schrötter, Erste abhandl. aus dem österreichischen staatsrecht pag. 115. Böhmer, Regesten des königs Rudolf nr. 859. [676]
„ 22	(. . . . .)	Albert und Hermann genannt von Rindmaul erklären, dass bischof Reimboto von Eystetten von dem kaufpreis für das schloss Werdensfels, das von ihrem vater an die kirche Eichstaett verkauft worden, alles sie treffende bezahlt habe; doch schulde Reimboto ihrer mutter Adelheid noch nach den vorliegenden verträgen 500 pfund heller. Mitsiegler: Burggraf Konrad der jüngere von Nürnberg. Zeugen: H. von Vestenberg, avunculus noster; R. und R. genannt von Dietenhouen auf Sandaero und Werdenvels; Hilt., sämmtlich ritter. Volkmar kaplan des bischofs Reymboto; C. und W. dessen notare; Ulr. von Mur, Ch. von Membrehtesdorf genannt Ohslin et alii quam plures. — Original im königl. reichsaarchiv in München. Stillfried, Monum. Zollerana, urkunden der fränkischen linie nr. 307. Falkenstein, Cod. dipl. Eyst. pag. 86 nr. 93. Popp, Cod. Monac. pag. 66 (darnach die namen der zeugen). [677]
Mai 9	Eichstätt	Bischof Reimboto von Eisteten schafft auf ansuchen des domkapitels und mit rath des propstes Otto, des dekans Ulrich und des scholasticus Gozwin den missbrauch ab, dass ein neuer aus dem gremium des domkapitels gewählter bischof die renten seiner zuvor innegehabten pfründe auf lebensdauer gegen eine abfindung an irgend einen beliebigen dritten überweisen könne, und verzichtet für sich und seine nachfolger auf dieses recht. Datum in Eistet 1286 VII idus maji. — Pergamentdiplomatar des Eichst. domkapitels pag. 10b. [678]
„ „	„ „	Bischof Reimboto von Eistet bestätigt den beschluss des dompropstes Otto, des domdechants Ulrich, des domscholasters Gozwin und des ganzen domkapitels, dass ein Eichstätter domherr, wenn er eine pfründe an einem anderen domkapitel erhält, seine bisherige Eichstätter stelle nicht verlieren solle, wie früher bestimmt war; dagegen wenn ein kanoniker von Herriden in das Eichstätter domkapitel eintritt, so muss er sein kanonikat in Herriden aufgeben. Datum in Eistet 1286 VII idus maji. — Pergamentdiplomatar des Eichst. domkapitels pag. 11b. [679]
Aug. 9	Arburg	Bischof Reimboto von Eichstaett beglückwünscht den neuen erzbischof Heinrich von Mainz und führt bei ihm beschwerde, dass die kastellane und amtleute der jungen

grafen Ludwig und Kunrad von Oettingen bei Arenburc auf dem grund der Eichstätter kirche einen schlossbau aufführen; Heinrich möge' sich bei dem könig Rudolf
verwenden, damit dieser den bau durch seinen amtmann in Weissenburg vorläufig einstellen lasse und später selbst eine entscheidung treffe. — Schunk, Cod. dipl. pag. 115.
Vergl. Böhmer, Regesta imperii von 1246 bis 1313 bei 1289 märz 0. [680]

1286			
Dec. 8	An der Donau		Bischof Reimboto von Eichstätt unterzeichnet als zeuge eine urkunde des grafen Berthold von Graispach, den verkauf eines landstrichs, Au genannt und zwischen der Donau und dem Lech gelegen, durch den genannten Berthold an das kloster Niederschönfeld betreffend. Datum et actum VI Idus decembris, indictione IX super litus Danubii. — Mon. boic. XV, 294. [681]
sine die	.....		Bischof Reimboto von Eichstaett verleiht einen ablass für diejenigen, welche zum aufbau
1287			des klosters Medelingen eine beisteuer leisten. — Lang, Reg. boic. IV, 345. [682]
März 1	Eichstätt		Bischof Reimboto von Eystet erlangte von seinem domkapitel, dass ihm dasselbe das pa- tronatsrecht an der kirche zu Mekkenloch, das bischof Ulrich II dem domkapitel zur aufbesserung der pfründen geschenkt hatte und das jährlich 8 pfund heller eintrug, wieder zurückgab, da sein schloss Nazzenvela innerhalb der grenzen dieser pfarrei liege. Dagegen tritt der bischof den kirchensatz in Understal an sein kapitel ab, und überdies sollen dem letzteren die bisherigen 8 pfund heller von Mekkenloch auch in zukunft verbleiben. Datum et actum Eystot mcclxxxvii kal. marcii. — Pergament- diplomatar des Eichst. domkapitels pag. 7a. Lang, Reg. boic. IV, 333. Eichstaetter pastoralbl. V (1858), 74. [683]

Bei Falkenstein, Cod. dipl. Eyst. pag. 61 nr. 86 findet sich eine urkunde des domkapitels über
den gleichen tausch; dieselbe ist datirt: Eychstaett anno Domini 1283 (sine die). Vielleicht muss
man daher in der bischöflichen urkunde die ziffern trennen und etwa lesen: mcclxxx VII idus
marcii (1290 märz 9); oder wäre das jahr Falkenstein's (1283) das richtige?

| „ 13 | Würzburg | | Bischof Reimboto von Eistetn und fünfzehn andere bischöfe ertheilen ablass für das durch brand zerstörte kloster Marienburghausen. Datum Herbipoli in concilio III idus martii. — Lang, Reg. boic. IV, 333. [684] |

Das hier erwähnte konzil wurde anders erst am 16. märz eröffnet.

| „ 15 | „ „ | | Bischof Reinbot von Aistet verleiht für den neu erbauten St. Nikolaus- und Katharinen- altar in der kirche zu Chur einen ablass. Datum 1287 apud Herbipolim idus martii. — Mohr, Cod. dipl. II nr. 166. [685] |
| „ 16 | „ „ | | Am sonntag „Laetare" (16 märz) des jahres 1287 wurde in Würzburg durch den päpst- lichen legaten kardinalbischof Johann von Tuskulum eine nationalsynode eröffnet, auf welcher neben zwei und dreissig anderen bischöfen auch Reinbot von Eichstaett zu- gegen war und in 42 kapiteln verschiedene satzungen beschlossen wurden. — Binterim, Gesch. der deutschen concilien V, 42 sqq. und 311 sqq. Mansi XXIV, 850. Harz- heim III, 724. Böhmer, Regesta imperii von 1246 bis 1313 pag. 134. [686] |

In Würzburg soll der kardinallegat von den deutschen kirchen auch einen zehent auf fünf
jahre verlangt haben (vid. Binterim V, 45. Aventin, Annal. Bojor. lib. VII. Harzheim III, 724).

„ „	„ „		Bischof Reinbot zu Eystet verleiht mit anderen bischöfen 40 tage ablass für alle jene, welche der grossen prozession des Peterskloster in Erfurt beiwohnen würden. Datum Herbipoli in concilio 1287 dominica Laetare. — Heine, Collectio synodor. Erford. pag. 112. Harzheim, Concil. German. III, 735. [687]
„ 18	„ „		Bischof Reinboto von Eystet und noch sieben andere bischöfe geben ablass für diejenigen, welche die domkirche zu Meissen an gewissen tagen besuchen und zu ihrer vollendung einen beitrag leisten. Datum Herbipoli in concilio 1287 XV kal. april. — Gersdorf, Cod. dipl. Saxoniae regiae I, 215. [688]
„ 20	„ „		Mehrere bischöfe geben während des konzils ablass für die domkirche in Eystet. Datum Herbipoli XIII kal. april. — Lang, Reg. boic. IV, 335. [689]

14

Lang, der wohl eine selbstständige quelle gehabt haben muss, verweist hiebei noch auf Harzheim III, 724; allein bei Harzheim findet sich nichts darüber.

Am 29 märz verleiht bischof Emicho von Freising, der damals schon vom konzil her in Eichstaett angekommen war, auch für das kloster St. Walburg einen ablass, 40 tage criminalium und
1 jahr venialium (Lang, Reg. boic. IV, 333. (Loidl), Eichstättisches heiligthum III, 92).

1287
März 21 Würzburg   Bischof Reuboto von Eystet und mehrere andere bischöfe verleihen einen ablass für die
der allerseligsten Jungfrau und der heiligen Margaretha geweihte kapelle in Ilanz.
Datum apud Erbipolim 1287 XII kal. aprilis. — Mohr, Cod. dipl. II nr. 38 nach dem
original im stadtarchiv zu Ilanz.   [690]

„ 23   „ „   Bischof Reimboto von Eichstätt gibt nebst achtzehn anderen bischöfen ablass von 40 tagen
für diejenigen, welche zum wiederaufbau der kirche sanctae Mariae ad gradus in
Mainz einen beitrag leisten. Datum Herbipoli 1287 mense marcii, dominica Judica. —
Original im archiv zu Darmstadt, abgedr. bei Böhmer, Acta imperii selecta nr. 1005. [691]

„ „   „ „   Bischof Reimboto von Eystetten und eilf andere bischöfe geben ablass für die kirche in
Waldsassen und desgleichen für die kapelle in Walderadorf. Datum in concilio Herbipoli X kal. april. — Lang, Reg. boic. IV, 334.   [692]

„ 24   „ „   Zugleich mit den deutschen bischöfen waren auch die weltlichen fürsten nach Würzburg
gekommen; am 24 märz wurde von den sämmtlichen fürsten in 44 artikeln ein grosser
landfriede aufgerichtet. — Pertz, Leges II, 446. Ludewig, Scriptor. episcopal. Wirze-
burg. pag. 590. Conf. Harzheim III, 737. Lehmann, Speyrer chronik pag. 655.
Grebner, Histor. Franconiae pag. 1099. Dumont, Corps dipl. tom. I part. I pag. 272.
Lang, Reg. boic. IV, 335. Böhmer, Regesta imperii von 1246 bis 1313 pag. 135. [693]
Es ist das der nämliche friede, dessen anerkennung kaiser Friedrich II im august 1235 in
Mainz zu stande gebracht.

„ 0   „ „   Bischof Reimboto von Eichstaett verleiht neben 30 anderen bischöfen einen ablass von
40 tagen für die wohlthäter des neugestifteten nonnenklosters Marksussern in Thüringen. — Dinterim, Gesch. der deutsch. concilien V, 41 und 42. Heine, Collectio sy-
nodor. Erford. pag. 102. Thuringia sacra pag. 593.   [694]
Nach Heine und der Thuringia sacra wäre nicht Würzburg, sondern Erfurt der ausstellungs-
ort dieses undatirten ablassbriefes. Und allerdings fand 1287 febr. 25 eine zusammenkunft von
etlichen bischöfen und weltlichen fürsten in Erfurt statt, aber Reimboto von Eichstätt war nicht
dort (Böhmer, Regesta imperii von 1246 bis 1313 pag. 382 nr. 149 und Schuli, Cod. dipl. pag. 134).

„ 0   „ „   Bischof Reinboto ertheilt nebst siebenzehn anderen bischöfen ablass für das kloster des
heiligen Stephan in Würzburg, das durch brand zerstört worden war. — Pergamentoriginal im königl. reichsarchiv zu München, St. Stephan zu Würzburg (mit 15 siegeln,
3 fehlen). Lang, Reg. boic. IV, 355.   [695]
Bei Harzheim, Concil. German. III, 734 ist bischof Reimboto von Eichstaett nicht genannt.

„ 0   „ „   Bischof Reimboto von Eichstaett verleibt mit anderen bischöfen einen ablass für das
kloster Fulda. — Harzheim, Concil. Germ. III, 736.   [696]

„ 0   „ „   Bischof Reimboto von Eichstaett, ferner der erzbischof Sifrid von Köln, sodann die bischöfe Arnold von Bamberg, Emicho von Freising, Bruno von Naumburg, Konrad von
Strassburg, Heinrich von Merseburg, Bruno von Brixen, Sifrid von Augsburg, Bor-
chard von Metz, Peter von Basel, Konrad von Verden und Rudolf von Konstanz verleihen für die pfarrkirche in Rotingen, Würzburger diöcese, ablass zu verschiedenen
festen. Datum Herbipoli 1278 tempore concilii. — Pergamentoriginal im germanischen
museum zu Nürnberg (die genannten dreizehn bischöfe haben gesiegelt, aber die siegel
sind abgerissen). Kopie davon in einem manuskriptenband des histor. vereins in
Würzburg fol. 222. Wieland, Röttingen pag. 85.   [697]

„ 0   „ „   Bischof Reimboto von Eichstaett ertheilt dem spitale zu Rothenburg ob der Tauber einen
ablass. — Bensen, Ein hospital im mittelalter pag. 49.   [698]

„ 31   „ „   Mit rath des bischofs Reimboto von Eichstaett, des erzbischofs Rudolf von Salzburg, des
bischofs Arnold von Bamberg, des bischofs Chuurad von Lavant und mehrerer welt-

lichen fürsten erklären könig Rudolf und bischof Cunrad von Verden in der streitsache zwischen dem erzbischof Heinrich von Mainz einerseits und den herzogen Albrecht und Heinrich von Braunschweig andererseits, dass die genannten herzoge, sobald es der erzbischof von Mainz verlangt, von rechts-wegen mit der acht belegt werden sollen, weil dieselben am 12 febr. 1287 sich zu einer richterlichen entscheidung des streites verstanden hätten, nunmehr aber herzog Albrecht gar nicht erschienen sei und herzog Heinrich, der gekommen war, vor verhandlung der sache wieder heimlich davon gegangen. — Guden, Cod. dipl. I, 829. Schunk, Cod. dipl. pag. 141. Böhmer, Regesten des königs Rudolf pag. 135 nr. 918. [699]

1287
April 19 Burglengenfeld Bischof Reimboto von Eisteten erscheint nebst dem päpstlichen kardinallegaten Johann von Turkulum, dem erzbischof von Mainz, dem bischof Arnold von Bamberg, dem bischof Chunrad von Verden und mehreren weltlichen grossen als zeugo in dem heirathsvertrag zwischen herzog Otto von Braunschweig und Mahthilt, der tochter des pfalzgrafen Ludwig II des Strengen. — Original, doppelt vorhanden im königl. hausarchiv zu München. Scheidt, Origines guell. tom. III praefat. pag. 89. Quellen zur bayerischen und deutschen gesch. V, 403. [700]

Juli 23 (Bamberg) Auf verlangen des bischofs Reinboto von Eistet gibt bischof Arnold von Bamberg seine zustimmung, dass sich Elle und Gisele, töchter des skriptors Rudiger von Bergen, mit männern verehelichen, welche hörige der kirche Eichstaett waren. Die kinder sollen theils nach Bamberg, theils nach Eichstaett dienstpflichtig sein. Datum Babenberg 1287 X kal. aug. — Pergamentoriginal mit siegel im königl. reichsarchiv zu München, hochstift Eichstätt. Falkenstein, Cod. dipl. Eyst. pag. 87 nr. 94. Lang, Reg. boic. IV, 345. Popp, Cod. Monac. pag. 75. [701]
Falkenstein hat: 1287 kalendas augusti.

Nov. 13 Arberg Bischof Reimboto von Eysletten vertauscht seine güter in Moerlachen an das kloster Halsprunne gegen andere, die dem genannten kloster in Oerichsdorf beim schloss Werdenfels von Albert Rindesmaul vermacht worden waren. Zeugen: C. notar und kanonikus der kirche Eistetten; Ulrich scholasticus in Herrieden; bruder H. von Ottingen (Oettingen) komenthur der Deutschordensritter; H. schenk von Arberch; R. von Dietenhoven auf Sandeve. Datum in castro Arberch die Briceii confessoris. — Lang, Reg. boic. IV, 351. [702]

sine die (Regensburg) Der bischof von Regensburg berichtet an Reymboto von Eystet, dass der Regensburger bürger Heinrich genannt Skriber und vier andere personen, welche gegen das versprechen von restaurationsvornahmen von Reymboto den „Eysteter hof" in Regensburg nebst einigen zugehörungen auf lebensdauer erhalten hatten, aber gegen den willen Reymboto's unter diese zugehörungen auch Eichstüttische weinberge und äcker in der Regensburger gegend rechneten, nunmehr ihrem streit entsagen und sich mit dem wohnungsrecht in dem genannten neben der alten kapelle gelegenen hof zufrieden stellen. Datum et actum Ratisponae 1287. — Popp, Cod. Monac. pag. 107. [703]
Von den erwähnten weinbergen ist in der urkunde selbst gesagt, dass chrdem der kanonikus Burchard an der alten kapelle mit ihnen belehnt gewesen sei. Ueber die „curia Eysteiensis" in Regensburg bemerkt eine andere hand am rande der urkunde, nachher habe sie der pfarrer Herta von Berching und wieder später Bayfrid bischof von Jerusalem bewohnt.

1288
März 1 Eichstätt Bischof Reimboto von Eisteten bessert die domdechantei an seiner kathedrale, für welches amt propter tenuitatem proventuum et paucitatem stipendiorum kaum noch jemaud gefunden werden konnte, dadurch auf, dass er derselben mit zustimmung seines kapitels die pfarrkirche In Mulhausen inkorporirt, unter der bedingung jedoch, dass der dechant Gozwin und seine jeweiligen nachfolger einen vikar in Mulhausen unterhalten und jährlich an die drei domglöckner zu Martini tres solidos denar. longor. und zu Ostern tres solidos denar. bezahlen. Datum Eistet 1288 kal. marcii. — Pergament-

14*

diplomatar des Eichst. domknpitels pag. 13b. |704|

Am 21 juni 1291 überlässt das domkapitel an die dochantei zu weiterer aufbesserung zwei fischereien in Rugsboven und zwei in Isenprunne und verzichtet auf eine jährlich vom dechant zu leistende bewirthung: „cerevisiam, quae nobis in capite jejunii de ipsa decania singulis annis dari et exsolvi consuevit, donamus" (Pergamentdiplomatar pag. 11b).

1288
April 23 (. . . . .) Adelheid, wittwe des Albert von Rindsmul, gibt dem bischof Reimboto die fructus apium (eidelwaid) wieder zurück, welche sie durch dessen gunst in den wäldern Hengelberg und Brunst genossen, und erklärt, dass ihrem sohne Hartmann ein recht in dieser hinsicht nicht zustehe. Gesiegelt vom bischof selbst, von der äbtissin von Seligenporten, vom konvent des klosters Seligenporten und von Adelheid mit dem siegel ihres Mannes. Datum 1288 VIII kal. maji. — Falkenstein, Cod. dipl. Eyst. pag. 68 nr. 96.   [705]

Mai 1 (. . . . .)• Adelheid, wittwe des Albert Rindsmvl, anerkennt ihre verpflichtung, den bischof Reimboto in den besitz derjenigen güter zu bringen, welche ihr mann seligen angedenkens an denselben verkauft hat, insbesonders aber jener, auf welche der burggraf von Nürnberg ansprüche erhebt, und verheisst keine zahlung mehr zu fordern, bevor alle anstände gehoben sind. Siegler: Wie in der vorigen nummer. Zeugen: Der dompropst Otto und der dekan von Eystetten; bruder Friedrich genannt Hubamann; magister Friedrich von Seligenporten et alii. Datum 1288 kalendas maji. — Falkenstein, Cod. dipl. Eyst. pag. 67 nr. 95.   [706]

„ 21 | Würzburg | Bischof Reimboto von Eichstaett verleiht allen denjenigen, welche zur erweiterung und verschönerung der Johanniterkirche in Mergentheim beibilfe leisten würden, mit genehmigung des bischofs Mangold von Würzburg einen ablass. Datum Herbipoli feria sexta in eldomada penthecostes. — Zeitschrift des historischen vereins für das würtembergische Franken jahrg. 1851 heft V pag. 52.   [707]

Juli 8 | Mörnsheim | Bischof Reimboto von Eistetten bestätigt dem kloster Seligenporten den neubruchzehent, den dasselbe von Ulrich von Pollingen schenkungsweise erhalten hatte. Datum Mornsheim in crastino Willibaldi. — Lang, Reg. boic. IV, 378.   [708]

Okt. 9 | Eichstätt | Bischof Reymboto von Eystet bestätigt die von seinem vorfahren Heinrich IV dem domkapitel mit der pfarrei Omeingen gemachte schenkung, jedoch unter der bedingung, dass ein beständiger vikar in Omsingen aufgestellt werde. — Pergamentdiplomatar des Eichst. domkapitels pag. 8b.   [709]

Nov. 7 | „ „ | Bischof Reymboto von Eistetten erneut die schenkung, welche früher bischof Engelhard seinem domkapitel mit der pfarrkirche in Walmitingen gemacht hatte. Datum Eystet VII idus novembr. — Lang, Reg. boic. IV, 387.   [710]

1289 Die schenkungsurkunde des bischofs Engelhard findet sich nicht mehr vor.

Jan. 24 | „ „ | Bischof Reimboto von Eichstätt überträgt dem Deutschordenshause in Ellingen einen hof in Menge(Möning). Mitsiegler: Das domkapitel von Eystet. Zeugen: Heinrich von Tegenigen und dessen bruder, beide deutschordensritter; Kunrad von Waldo domherr; magister Ulrich; des bischofs notar; die brüder Rudiger und Fridrich von Dyetenhofen, milites et castellani des bischofs; Cunrad praepositus novae civitatis, ritter; Bernger von Puch, ritter; Berthold genannt von Walentingen. Datum Eystet 1289 V idus octobris. — Baader, Urkundenauszüge im dreissigsten jahresber. des histor. vereins von Mittelfr. pag 4.   [711]

„ 25 | „ „ | Bischof Reimboto von Eystetten eignet dem kanonikus Albert genannt Frikko einen hof in Herriden innerhalb der stadtmauer, dann hofstätten innerhalb und ausserhalb dieser mauern und ackerland. Datum Eystet 1289 VIII kal. febr. — Lang, Reg. boic. IV, 401. [712]

Frikko, canonicus ecclesiae Eistetensis, schenkt diese güter später an das kanonikatstift in Herrieden, wofür ihm dasselbe 1294 juli 10 auf lebensdauer die bezüge einer seiner pfründen gewährt (Lang, Reg. boic. IV, 567).

1289 März 15	Nürnberg	Bischof Reimboto von Eystet verleiht die von dem grafen Gebhard von Hirzberg der kirche Eichstätt heimgegebene vogtei über güter in Varrieden auf bitten dieses Gebhard dem burggrafen Friederich dem älteren von Nuerenberch. Datum apud Nurenberch 1289 idus marcii. — Pergamentoriginal im königl. reichsarchiv zu München, oberamt Burgthauu. Eichstädter buch I fol. 2 im kgl. archiv zu Nürnberg. Stillfrid, Monum. Zollerana, urkunden der fränkischen linie nr. 330. Oetter, Geoch. der burggrafen von Nürnberg. versuch II pag. 83 (aber mit dem falschen jahre 1279). Lang, Reg. boic. IV, 407. Haas, Der Hungau und seine grafen pag. 204. [713]
„ 0	(Rotenburg)	Mit rath des burggrafen Friedrich des älteren von Nürnberg, des grafen Ludwig von Oettingen, des grafen Gebhard von Hirschberg und des burggrafen Konrad des jüngeren von Nürnberg entscheidet könig Rudolf den streit zwischen dem bischof Reimboto von Eichstätt und dem grafen Ludwig dem jüngeren von Oettingen wegen eines begonnenen burgbaues bei Arenbyr auf Eichstättischem boden (vid. oben 1286 aug. 9) durch folgenden richterspruch: Graf Ludwig der jüngere von Oettingen müsse universorum aedificiorum structuram ratione municionis factam, vitelicet portas, sepes, propugnacula, quae vulgariter berefrid dicuntur, et tuguria, quae erkeher vulgariter nominantur, bis zum nächsten Walburgifeste entfernen und alles wieder in den alten stand setzen. Für den vollzug haften: Graf Ludwig der ältere von Oettingen, truchsess Chunrad, Heinrich von Reichenbach, Ekhard von Lahr, Meinward von Stainheim, Ulrich des letzteren patruus, und Konrad von Lentershrim. Weitere streitigkeiten zwischen dem bischof Reimboto und dem grafen Ludwig dem jüngeren von Oettingen soll Ludwig der ältere von Oettingen unter beziehung Konrad's von Teck und Leopold's des älteren oder Leopold's des jüngeren von Wildingen zur entscheidung bringen. Datum apud Rotenburg 1289 indictione II anno regiminis XVI (das monat ergibt sich aus dem itinerarium des königs Rudolf). — Falkenstein, Cod. dipl. Eyst. pag. 89 nr. 98 (korrigirt nach Popp und Dühmer). Oetter, Gesch. der burggrafen von Nürnberg, versuch II pag. 83. Stillfrid, Monum. Zollerana, urkunden der fränkischen linie nr. 331. Lang, Reg. boic. IV, 419. Böhmer, Regesta imperii von 1246 bis 1313 pag. 142. Lichnowsky, Gesch. des hauses Habsburg I, 128. Freyberg, Cod traditionum monasterii sancti Castuli (in den abhandlungen der bayerischen akademie der wissenschaften folge III bd. II abth. III pag. 116). Popp, Cod. Mon. pag. 25. [714]
Juni 14	(Eichstätt)	Die richter der Eistetter kurie sprechen dem kloster Seligaporten die hälfte eines hofes in Landboltshoven zu, welche durch Agnes, die tochter Hermann's von Staaf, an das genannte kloster geschenkt, von Chunrad Prenner aber, genannt von Gredingen, für sich usurpirt worden war. Actum feria III proxima ante festum beati Viti. — Lang, Reg. boic. IV, 412. [715]
„ 27	(Rieti)	Papst Nikolaus IV schreibt an den bischof Reimboto von Eichstätt, dass der erzbischof Rudolf von Salzburg den herzog Albrecht von Oesterreich und Steyermark wegen beschädigung des Salzburgischen gebietes und besetzung der stadt Lavant mit dem bann und dessen land mit dem interdikt belegt habe, dass aber der bischof von Passau, welcher als suffragan von Salzburg mit dem vollzug der strafe beauftragt war, nichts in dieser sache gethan habe. Desshalb soll bischof Reimboto von Eichstätt den bischof von Passau, dessen dompropst Gottfried, dessen domdechant Volker und dessen erzdechant Sibot von Taunberg vorladen und gegen sie die untersuchung führen. Zur verhängung der kirchlichen censuren hatte erzbischof Rudolf besondere vollmacht erhalten durch den kardinallegaten Guido von St. Lorenz in Lurina. Datum Reate 1299 jun. 27. — Salzburger kammerbuch VI f. VIII nr. 3 im königl. kaiserl. geheimen archiv zu Wien. Conf. Lichnowsky, Gesch. des hauses Habs-

1289 Juli 11	(Eichstätt)	burg II, 186 Muchar, Gesch. von Steyermark VI, 34 sqq. Damberger, Synchronistische gesch. des mittelalt. bd. XI kritikheft pag. 225. [716] Ritter Heinrich von Chunenstain willigt ein, dass sein höriger Chunrad Glaser von Preide mit Elisabeth, der tochter Friedrich's, genannt Vakrich, welche Elisabeth zur kirche Eystet hörig war, eine ehe eingehe, unter der bedingung jedoch, dass die kinder gleichheitlich getheilt werden. Datum Eystet 1289 V idus juhl. — Pergamentoriginal mit siegel im königl. reichsarhiv zu München; Popp, Cod. Monac. pag. 203. [717]
„ 15	. . . . .	Bischof Reinboto von Eystett gibt seine zustimmung dazu, dass Marquard, der rektor der kirche in Stopphenheim, und Heinrich von Elolsheim (Alesheim?) folgende güter unter einander vertauschen: Eine hofstätte vor der burg Stopphenheim, fünf äcker bei Handesmur, die gewöhnlich „Uetto" genannt werden, und zehn andere äcker beim walde Eigenhart. Datum id. jul. — Lang, Reg. boic. IV, 419. [718]
Aug. 10	Eichstätt	Graf Gebhard von Hirzperch gibt an den dompropst O., an den domdechant G., an den domscholaster C. und an das domkapitel in Eichstä't zwei höfe in Phalapiunt, die jährlich dreem solidos denariorum hallensium monitae, 1 schäffel woizen und 1 schäffel haber zu entrichten haben, und erhält dafür ein haus, welches an das wohnhaus seiner seligen mutter in Eichstätt anstiess und von derselben schon längere zeit benützt worden war, nebst einem gute in Rupolsbach. Actum et datum Eystet 1289 in die beati Laurentii. — Pergamentdiplomatar des Eichsl. domkapitels pag. 2½a. Lang, Reg. boic. IV, 429 [719]
Sept. 24	„	Bischof Reynboto vergleicht den domdechant Gozwin, der in seiner früheren stellung als domscholaster seinen weinberg im Puchtal zur scholasterie geschenkt hatte (in scholasterlae personatum translulit), jetzt aber als domdechant noch für sich behielt, mit dem gegenwärtigen domscholaster Chunrad von Pfeffenhausen, der diesen weinberg ebenfalls beanspruchte, in der weise, dass ihn Gozwin auf lebenszeit beibehalten solle; darnach aber falle er an die scholasterie. Pergamentdiplomatar des Eichst. domkapitels pag. 26b. [720]
Okt. 11	Heiderk	Der edle mann Gotfrid von Haidekke bewirkt, dass der bischof Regenboto von Eytetten, dem er seinen compater nennt, einen meierhof in Menige an das deutschordenshaus in Ellingen überlässt, und macht dagegen drei ihm jure proprietatis angehörige höfe in Ilusen beim schloss Haidekke zu hochstiftischen lehen, als welche er sie aus des bischofs händen zurückerhält. Actum et datum 1289 V idus octobr. — Pergamentoriginal mit siegel im königl. reichsarchiv zu München, hochstift Eichstätt. [721] Falkenstein, Cod. dipl. Eyst. pag. 90 nr. 96 hat das datum: idus octobr. (15. okt.); sodann Menig statt Menige und Ahanen statt Ilusen. Für einen urkundenauszug bei Lang, Reg. boic. IV, 421 muss ein anderes original vorgelegen sein. Lang hat auch einen acagen und zwar den ritter Chunrad, praepositen Norm civitatis; ferner steht bei Lang, dass der meierhof in Menige schon vorher durch Ulrich von Holzpurch an die ordensritter zu Ellingen geschenkt, aber dem Gotfrid von Heiderk wieder als lehen übertragen worden sei. Popp, Cod. Monacensis hat pag. 52 korrekturen zu Falkenstein; pag. 131 einen selbständigen extrakt aus dem Münchner reichsarchiv, der den Ulrich von Holzpurch anormliisel löset und die benützung in Mösing ein Eichstättisches eigenthum nennt.
Dez. 25	Erfurt	Bischof Reinboto erscheint auf einem hoftag des königs Rudolf. „Eodem anno dominus Rudolphus rex curiam suam Erfordine celebravit in festo natalis Christi proximo, ad quam vocati convenerunt multi principes spirituales et seculares et plurimi nobiles ac barones. Principes spirituales hi fuerunt: Dominus archiepiscopus Mogontinus, archiepiscopus Salzburgensis, archiepiscopus Magdeburgensis, episcopi simplices Herbipolensis, Habenbergensis, Hildesheimensis, Paderburnensis, Nanburgensis, Merseburgensis, Misnensis, Colnensis, Lauentensis, Halberstadiensis, Eichstedensis" etc. —

1289 eine die (. . . . .)	Chronic. sanpetrinum bei Mencken, Scriptores rer. germ. III, 295. Dähmer, Reg. imperii von 1246 bis 1313 pag. 145. [722] Der vogt des klosters Altaich (herzog Heinrich von Niederbayern?) bittet den bischof von Eichstätt, er wolle den münchen von Altaich, deren herkömmliches präsentations- recht bei der pfarrkirche in Ingolstadt von dem Regensburgischen archidiakonus Eber- hard bestritten werde, günstig sein, den von Altaich präsentirten priester II. investi- ren und seinen eigenen kaplan Wolfgang, der demnächst diese sache mündlich in Eichstätt vertreten soll, gütig aufnehmen. — Falkenstein, Cod. dipl. Eyst. pag. 438 nr. V. [723]
„ „ (. . . . .)	Bischof Bernhard von Passau wendet sich an Reimboto von Eichstätt zu gunsten der münche in Altaich wegen ihres präsentationsrechtes in Ingolstadt. Reimboto möge Bernhard's kaplan Wolfgang, der demnächst wegen dieser angelegenheit nach Eich- stätt kommen werde, gütig aufnehmen; der präventirte priester Heinrich sei in der diözese Passau schon längere zeit ein ganz lobenswerther pfarrer gewesen. — Falken- stein, Cod. dipl. Eyst. pag. 437 nr. II. [724] In der gleichen angelegenheit liegen noch zwei andere schreiben vor: 1) Irgend jemand (nach der überschrift bei Falkenstein war es der münch Wolfgang von Nieder- altaich) wendet sich an den dompropst von Eichstätt und bittet ihn, in erinnerung an alte freundschaft ihm behilflich zu sein, wenn er demnächst nach Eichstätt kommen werde, die sache des nach Ingolstadt präsentirten II. gegen den Regensburger archidiakon Eberhard zu vertreten, da der bischof Reimboto be- reits einen tag für die entscheidung angesetzt (Falkenstein pag. 438 nr. III). 2) Irgend jemand (nach Falkenstein wieder der münch Wolfgang) fordert den für Ingolstadt prä- sen-, tirten II. auf, den Regensburger juristen gegenüber, die alle den archidiakon Eberhard unterstützen wollen in Eichstätt einem rechterfahrenen mann aufzusuchen, der ihm (dem briefschreiber) bei bischof Reimboto be- bistand leisten könne (Falkenstein pag. 438 nr. IV).
1290 März 30	Bischof Reimboto ist mitsiegler einer urkunde, laut deren Graf Ludwig von Öttingen zwei höfe und zwei hofstätten in Haslach an den abt und konvent zu Halsprunne ver- kauft. Acta sunt haec 1290 III kal. april. — Heilsbrunner kopialbuch 1 fol. 150 im königl. archiv zu Nürnberg. [725]
April 7	Eichstätt	Bischof Reimboto von Eystet erklärt, dass durch seine vorfahren alle zur pfarrei Swabach gehörigen zehenten dem kloster Ebrach geschenkt worden seien. Da aber durch die sorglosigkeit der mönche viele zehenten von neugereuten in Swabach an laien ge- kommen, so fordert Reimboto dieselben für die kirche zurück und schenkt sie mit zustimmung seines domkapitels neuerdings an Ebrach. Mitsiegler: Das domkapitel. Actum apud Eystet 1290 VII ydus aprilis. — Pergamentoriginal im königl. reichs- archiv zu München. Falkenstein, Cod. dipl Norimb. pag. 85 nr. 85 und Chronic. Suabacense pag. 24. Lang, Reg. boic. IV, 445. Weigand, Gesch. der abtei Ebrach, pag. 22. [726]
1291 Jan. 25	Aussbrunn	Bischof Rennboto von Eistet ist schiedsrichter zwischen dem kloster von Kaisheim und dem grafen von Greyfspach bei ihrem streit über den wald Heidwanch, in welchem das kloster holzungs- und weiderecht besass, der graf aber grössere strecken zur her- stellung von äckern und wiesen ausrodete. Reimboto entschied, dass der graf und seine brüder Gebhard und Heinrich nichts vornehmen dürfen, was dem kloster wesent- lich nachtheil bringt, dass aber das kloster dem grafen ad redimendum quaestionis praemissae vexationem et ad majorem obtinendum favorem comitis 80 pfund heller zahlen solle. Mitsiegler: Bischof Wolfhard von Augsburg, graf Gebhard von Hirz- berc, graf Berthold von Greyfspach und der abt von Kai-heim. Zeugen: Dictus de Deffenhusen (Konrad von Pfeffenhausen) scholasticus et canonicus ecclesiae nostrae; Heinrich dechant von Lechsgmund; magister Ulrich kanoniker von Herrieden. Ar-

1291 März 9	(Lengeufeld)	nold von Strazo der ältere, Reinboto von Milenhart, Albert genannt Waller und Reinboto von Merensheim, die letzteren sämmtlich ritter. Sifrid genannt Jacke, Rudolph genannt von Stillenave et alii plures. Acta sunt haec apud grangiam dictam Aschbrunne 1291 in die conversionis sancti Pauli apostoli. — Falkenstein, Cod. dipl. Eyst. pag. 93 nr. 103. Lünig, Spicileg. ecclesiast. III. 805. Laug, Reg. boic. IV, 478. Vergl. Eichst. pastoralbl. VII (1860), 212b. [727]

Pfalzgraf Ludwig II der Strenge verspricht dem bischof Reimboto von Eysteten theilung der kinder für den fall, dass er den töchtern seines gleichfalls Reimboto von Meinhart genannten bruders, den der pfalzgraf als seinen getreuen bezeichnet, sowie der Gertrud, der ehefrau dieses letzteren Reinboto, deren vater Arnold von Strazze ebenso fidelis Ludovici heisst und die selber diesem Ludwig jure ministerialatus angehörte, aus dem gelde der kirche Eysteten zur untersützung seines bruders eine aussteuer geben würde. — Popp, Cod. Monac. pag. 4 f. [728]

| April 29 | Eichstätt | |

Unter beirath des bischofs Reinbotto von Eistetten und des grafen Ludwig des älteren von Oettingen, den er schwiegervater nennt, vereinbart sich der graf Gebhard von Hirtzpeich mit den bürgern von Eistett, seinen getreuen, über die folgenden punkte: 1) Die bürger sollen aus ihrer mitte zwölf geschworne wählen, welche sorge tragen sollen für die aufstellung von wacken, für die gewährleistung öffentlicher sicherheit, für die durchführung einer marktordnung sowohl bei viktualien als bei anderen waaren, für die fällung gesetzlicher rechtssprüche (ad sententias judiciorum dictantas procuratores principales existant) und für alles sonst noch zum gedeihen der stadt nothwendige. 2) Ist das kollegium der geschwornen einmal gewählt, so ergänzt es sich selbst; doch steht dem grafen, dem bischof und dem domkapitel das recht zu, gegen den eintritt solcher, deren person ihnen verdächtig ist, entscheidende einsprache zu erheben. 3) Bei verehelichungen haben die bürger sowohl innerhalb der stadt als nach aussen volle freiheit; für die leibeigenen wird bestimmt, dass sich die leute des grafen mit denen des bischofs verheirathen dürfen und umgekehrt, nicht aber weiter, wofern sie nicht eine spezielle erlaubniss erhalten. 4) Jedem bürger steht es frei, sich an einem fremden orte anzusiedeln, da der dienst, zu welchem er als bürger von Eichstätt verpflichtet wäre, dem grafen u. s. w. als ein erzwungener wenig nutzen bringen würde. Leibeigene hingegen sollen wohl in Eichstätt das recht von bürgern geniessen, wenn sie aber aber das gebiet ohne erlaubniss verlassen, zur rückkehr genöthigt werden können. Entsteht streit über die frage, ob jemand frei oder leibeigen sei, so soll er für frei gelten, wofern nicht durch seine eigenen verwandten das gegentheil bewiesen werden kann. 5) Die stadt soll jeden, den sie will, zum bürger aufnehmen können. 6) Von niemand sollen andere als die schuldigen zahlungen und leistungen gefordert werden. 7) Begeht jemand ein verbrechen, so geht über ihn nur die altherkömmliche strafe verhängt werden; und wird ein angeschuldigter nicht durch taugliche zeugen überwiesen, so soll er sich, wenn er will, durch einen körperlichen eid reinigen können. 8) Da sich die bürger vorher durch gegenseitigen eid zur auswanderung verpflichtet, so entbinden sie sich jetzt wieder ihres wortes. Gebhard von Hirschberg aber, Ludwig von Oettingen, des Gebhard schwiegervater, sowie Gotfrid von Wolfstein, Hermann von Vestenperch, Heinrich von Muer, schenk Heinrich von Hofsteten, Wipoto von Husen, truchsess Friedrich von Stszpach, Wolfram von Pfalspaint, Conrad von Uetenhoven, Sifrid Swepfermann und Conrad genannt Paizzer, sämmtlich Gebhard's getreue, geben dem bischof Reimboto ihr handgelübde an eides statt zur bekräftigung der getroffenen vereinbarung. Darauf ver-

		pflichten sich Reimboto und Ludwig von Oettingen mit ihrem wort der bürgerschaft. Siegler: Der bischof Reimboto, der graf Ludwig von Oettingen und der graf Gebhard von Hirschberg. Actum et datum in ecclesia Eistaten-i 1291 dominica, qua cantatur „Quasi modo geniti." — Stein, Cod. dipl I. 3. Heuderische sammlung ad hanc annum. Weisses buch im archiv des stadtmagistrats Eichstätt pag. 1 (ebendort
1291		pag. 2 auch eine deutsche übersetzung). [729]
Sept. 24	Rebdorf	Bischof Reimbert (I) von Eistetten gibt dem pfarrer von Pollingen (Pölling) den auftrag, die neubruchzehenten zu requiriren, welche der kircho von Seligenporten entfremdet worden waren. — Lang, Reg. boic. IV, 500. [730]
Nov. 28	Eichstätt	Bischof Reymboto von Eysteten hebt bei den zehenten von Rabenruite und Kipfenwanch, welchen die beiden domherrn Otto genannt Swepphermann und Chunrad genannt von Walde, von Hermann von Gozdorf gekauft hatten, die lehenseigenschaft auf und macht sie zum freien eigenthum der käufer, unter der bedingung jedoch, dass dieselben diesen zehent, wie sie verliessen, nach ihrem tode dem domkapitel zuwenden. Actum et datum in ecclesia nostra 1291 IV kal. decembris. — Pergamentdiplomatar des Eichst. domkapitels pag. 26a. Lang, Reg. boic. IV, 502. Vergl. Eichst. pastoralbl. VII (1860), 217a. [731]
Dez. 16	„ „	Graf Gebhard von Hirzberch vermacht unter zustimmung seiner chefrau Sophia (einer gebornen gräfin von Oettingen) zu einigem ersatz für die seinem hause erwiesenen gutthaten für den fall seines kinderlosen absterbens durch testamentarische verfügung sein schloss Hirzberch mit allen zugehörungen und rechten, städten, dörfern, leuten, u. s. w. an die kirche der allerseligsten Jungfrau und den heil. Willibald in Eichstätt und zwar, pro mensa episcopali. Jedoch müsse der bischof beim seinerzeitigen tod des grafen die schulden, die der letztere in Regensburg bei juden und christen gemacht hat, tilgen und allen bürgen ihren etwaigen schaden ersetzen. Sollte der graf selbst noch seine schulden abzahlen können, so hat diese schenkung für ihn keine bindende kraft. Bleibt aber die last der schuldentilgung dem bischof, so darf der graf von den appertinenzien Hirschberg's nichts mehr veräussern. Zur ausführung dieses testamentes verpflichten sich durch körperlichen eid die kastellane des grafen, die eben auf der burg Hirschberg wohnen, nämlich: Heinrich schenk von Hofstetten, Wolfram von Phalzpoint und Heinrich von Attenvelt, unne advocatus noster ibidem, sämmtlich ritter; ferner die brüder Konrad und Albert von Hirsperg und Heinrich von Erlingshofen. Zeugen: Otto dompropst, Gozwin domdechant, Chunrad domscholaster, Albert Frikko, Otto Sweppermann, sämmtlich domherrn in Eystetten; Hermann von Stauff, Berthold von Walendingen, die brüder Konrad und Hermann von Landfrizbouen, Ubiaricus de Foro. Actum et datum apud Eystett in domo episcopali 1292 XVIII kal jan. — Falkenstein, Cod. dipl. Eyst. pag, 91 Nr. 101. Conf. Lang,
1292		Reg. boic. IV, 503. Popp, Cod. Monac. pag. 59. [732]
Sept. 15	Aschaffenburg	Bischof Reimboto erscheint bei einem provinzialkonzil, das erzbischof Gerhard von Mainz am 15 sept. in Aschaffenburg eröffnet. — Chronic Hirsaugiense ad hunc ann. Annales. Wormat. breves bei Pertz XVII, 78. Hinterim, Gesch. der deutsch. concilien V, 57. Dahl, Gesch. von Aschaffenb. pag. 68, Schmid, Dissertat. de conciliis Mogunt. pag. 297. [733]
		<small>Die beschlüsse dieses konzils, in 20 artikeln abgefasst, finden sich bei Mansi XXIV, 1082; Hartheim IV, 7 und Hinterim V, 320 (hier in deutscher übersetzung.)</small>
„ 17	„ „	Reymbodo von Eichstaett ertheilt mit noch anderen bischöfen für diejenigen, welche an gewissen tagen die kirche des heil. Clari bisb in Mainz besuchen und zu ihr einen beitrag leisten würden, einen ablass (quadraginta dies cum una karena.) Datum

1292 Sept. 26	(Abenberg)	Aschaffenburgi in concilio generali 1292 XV kal. octobr. indictione V. — Severus, Parochia Mogunt. pag. 98. [734] Burggraf Chunrad von Nürnberg berichtet an den bischof Mangold von Würzburg, dass er sich nach dem tode des Poppo von Hennenberg den bischof Reimboto von Eystet um die vogtei in Chungeshoven gewendet habe, welche vogtei zum jus und dominium der kirche in Eystet gehört, vom hochstift aber den Hennenbergern als lehen überlassen worden war. Datum Abenberch 1292 VI kal. octobr. — Original im königl. reichsarchiv zu München. Stillfried, Monum. Zollerana, urkunden der fränkischen linie nr. 381. Lang, Reg. boic. IV, 521. [735]
„ 29	(. . : . .)	Graf Ludwig von Oettingen bezeugt, dass die vogtei in Königshofen gänzlich dem stifte Eichstätt gehöre und dass er persönlich mitangesehen habe, wie die grafen von Hennenberg dieselbe von bischof Reimbotho zu lehen erhielten. Datum 1292 III. kal. octobr. — Manuskr. f. N. 2. V. im historischen verein zu Würzburg. [736]
0 0	0 0	1292 nov. 12 sind erzbischof Chuarad von Salzburg, damals päpstlicher legat, und bischof Heinrich von Lavant in Eystet und geben ablass für das dortige St. Wapurgiskloster. — Lang, Reg. boic. IV, 523. [737]
Nov. 15	Eichstätt	Mit zustimmung des bischofs Remboto von Eysteten schenkt Heinrich von Ponlanden, vasall des rheinpfalzgrafen Ludwig II. des Strengen, das patronatsrecht bei der kirche zu Affalterbach dem kloster Ahausen. Datum Eystet XVII kal. Decembr. — Lang, Reg. boic. IV, 522. Conf. Eichst. pastoralbl. V (1858), 96h. [738]
Dec. 10	. . . . .	Bischof Reimboto von Eysteten inkorporirt die pfarrkirche in Affalterbach, deren patronat Heinrich von Ponlant an das kloster der allerseligsten Jungfrau von Ahausen geschenkt hatte, dem nämlichen kloster in usus praebendarum. Data et acta 1292 IV idus decembris. — Lang, Reg. boic. IV,½622. [739]
1293 Febr. 14	(Hailsbrunn)	Konrad genannt Saltzmann bürger von Arenburc (Ornbau) erhält von bischof Reinbot von Eistetten zwei höfe in Arenbur neben denen der brüder Friedrich und Konrad von Hirzlach als zinslehen, welche zwei höfe zuvor Elisabeth, die wittwe des schenken Konrad von Arberch besessen, aber an Konrad Saltzmann um 8 pfund heller abgelassen hatte. Jährlich müssen um Martini acht heller und ein huhn an den bischof als abgabe verabfolgt werden. Siegler: Der abt von Hailsbrun, da Konrad selbst kein siegel hat. Datum Hailsbrun 1293 XVI kal. martii.—Falkenstein, Cod. diplom. Eyst. pag. 94 nr. 104. Lang, Reg boic. IV, 529. Popp. Cod. Monac. pag. 106. [740] <small>Falkenstein hat Arnberg statt Arnbaru und kal. martii statt XVI kal.</small>
Mai 4	Eichstätt	Bischof Reimboto von Eystet schenkt seinem domkapitel ein haus, das zuvor von einer frau Altheimer bewohnt wurde, jetzt aber von dem domkantor Arnold von Strazze bezogen ist, und zugleich damit auch eine hofstätte, beide gelegen am thore und am durchgang, der Perwerk heisst, und zwar in der absicht, damit nicht später einmal wegen der nähe der domherrnhäuser und domherrnhospizien verwicklungen zwischen geistlichen und laien entstehen. Datum Eystet 1293 IV nonas maji. — Pergamentdiplomatar des Eichst. domkapitels pag. 10a. [741]
Juni 26	„ „	Bischof Reimboto siegelt mit dem grafen Gebhard von Hirschberg den brief, laut dessen Heinrich von Hofstetten, des grafen schenk, einen hof in Eistet, der ihm als eigenthum angehört und den er eidem II. von Buch innegehabt, dem dortigen domkapitel schenkt und zwar zur anerkennung dafür, dass das letztere selber einen hof mit einem brunnen, der pfarrkirche gegenüber und neben seinem (des Hofstätter's) eigenem haus gelegen, zuerst ihm, dann auch seiner ehefrau Agnes von Muer als prekarie auf lebensdauer überlassen hat. Actum et datum Eistet 1293 VI kal. julii. — Pergamentdiplomatar des Eichst. domkapitels pag. 6a. [742]

1293		
Juli 3	Neumarkt	Bischof Reimbolo ist mitsiegler einer urkunde, durch welche graf Gebhard von Hirsperch dem pfalzgrafen Ludwig II dem Strengen ersatz für allen im laufe des jahres verursachten schaden verspricht. — Stillfried, Monum. Zollerana, urkunden der fränkischen linie nr. 3'5 (nach einem Freisinger kopialbuch). Moritz, Die grafen von Sulzbach I,310. Conf. Lang, Reg. boic. IV, 540. Fehlt in Böhmer's Wittelsbachischen regesten. [743]
Juli 21	Eichstätt	Bischof Reimboto von Eystett thut kund, dass die erben des Heinrich Niblung in Herriden ihre ansprüche auf ein lehen, gewöhnlich Vieverlehen genannt und in einer hofstätte nebst feldern und anderen zugehörungen bestehend, aufgegeben haben; dagegen habe er nun dieses lehen an Sophia, die tochter Niblung's, und deren bruder Konrad auf lebenszeit als „leibgeding" überlassen. Datum Eystett 1293 XII kal. aug. — Falkenstein, Cod. dipl. Eyst. pag. 95 nr. 105. Popp, Cod Monac. pag. 103. [744]
1294		
Jan. 9	. . . . .	Bischof Reimboto von Eystett bestätigt einen schiedsspruch, welcher aus veranlassung von streitigkeiten zwischen dem pfarrer Friedrich von Mornsheim und dem Friedrich Etzelberger über zwei güter, eines in Etzelberch und eines in Schultheizendorf gefällt worden war. Actum et datum V idus jan. — Lang, Reg. boic. IV, 551. [745]
Febr. 0	Fürstenfeld	Bischof Reinboto ist nebst den bischöfen von Freising und Regensburg bei der beerdigung des pfalzgrafen Ludwigs II. des Strengen zugegen. — Monachus Fürstenfeldensis, Chronica de gestis principum bei Böhmer, Fontes rer. germanicar. I, 18. [746]
Febr. 17	,, ,,	Bischof Heinrich von Regensburg überträgt an Reinboto von Eystett die stadt Spalt und das patronat an der dortigen pfarrkirche, sodann die vogtei in Derbach, Massendorf, Fasstingesdorf, endlich die ortschaften Mospach und Weingarten, insgesammt Regensburgische an den burggrafen Konrad von Nürnberg ausgegebene lehen, und zwar, damit Reimboto von Eichslaett ihm für alles dies das dorf Fuemphstat mit den dazu gehörigen gütern, ein Eichstättisches an den grafen von Hirschberg und mehrere andere ausgegebenes lehen, wegen seiner nähe bei dem ebenfalls Regensburgischen Wemding überlasse. In Spalt reservirt sich Heinrich vonRegensburg nur die propstei, die kollegiatkirche und die pfründen an derselben. Wegen der durch diesen tausch an Eichstätt gekommenen güter wird der burggraf Konrad vasall des hochstifts Eichstaett. Zeugen nach Falkenstein: Bischof Emicho von Freising; propst Konrad; dechant Konrad; propst Albert von Ilmmünster; domherr Konrad von Pfeffenhausen in Regensburg (?) und Heinrich von Ereofels. Nach den regest. boic: Bischof Emicho von Freising, graf Berthold von Grelffspach und pfarrer Ulrich genannt von Katzenstein. Actum et datum apud Forstenvelt 1294 XIII kal. martii. — Original im kgl. reichsarchiv zu München. Stein, Cod. dipl. I, 141. Falkenstein, Cod. dipl. Eyst. pag. 95 nr. 106 und Cod. dipl. Norimberg, pag. 88 nr. 89. Ried, Cod. dipl. Ratisbon. I, 656. Stillfried, Monum. Zollerana, urkunden der fränkischen linie Nr. 388. Lang, Reg. boic. IV, 555. Haas, der Rangau und seine grafen pag. 206. [747]
März 15	(Eichstätt)	Hermann von Tanne unterwirft sich dem schiedsspruch, welcher durch den dompropst Otto, den dompfarrer Ulrich, dem domherrn Otto Swopierman und den dechant Heinrich von Neumarkt gefällt worden in betreff von neubrochzehenten, von denen Hermann hatte behaupten wollen, sie seien seinem seligen vater Hainrich als hochstiftisches lehen von Eichstätt überlassen worden. Bischof Reimbolo erhält auf allen jenen grundstücken, welche erst seit der erhebung seines vorgängers, des bischofs Hiltbrand, in anbau genommen worden waren, die zehenten zurück. — Datum Eystett milesimo ducentesimo nonagesimo quarto' ydus marcii. Pergamentdiplomatar des Eichst. domkapitels pag. 21b. [749]

Vielleicht: anno millesimo ducentesimo nonagesimo, quarto ydus marcii (12 märz)?

16*

1294

März 25 | **Eichstätt** | Bischof Reinboto von Eistet gestattet dem kloster Wilzburg, welches in Weizzenburg von alten zeiten her durch die kaiser das patronat, durch die bischöfe von Eichstätt das zehentrecht besass, dass es nach dem dereinstigen tod des dompropstes Otto von Eichstätt und dermaligen pfarrers in Weissenburg nur mehr einen pfarrvikar an diesem orte aufstelle und zwar einen weltpriester, den es ihm präsentiren und der von den pfarreirenten jährlich 18 pfund heller an das kloster zahlen soll, 9 pfund zur zeit des St. Walburgisfestes im mai, 9 pfund an Mariae geburt, damit für dieses geld wein zur vertheilung unter die mönche in der advents- und fastenzeit angekauft werde. Jedoch sollen zu diesen zeiten im kloster zwei messen conventualiter celebrirt werden, eine de die und eine pro defunctis. Zeugen: Dompropst Otto, domdechant Gotzwin, domkustos Heinrich, der domkantor Arnold, Albert Fridko, Uhich Gehovar, Uhich Sweppermann, Ulrich von Erlengshoven, magister Uhich, Ulrich von Pfaffenhoven, sämmtlich domherrn. Actum et datum in choro orientali ecclesiae nostrae 1294 in annunciatione gloriosae virginis Mariae. — Wilzburger kopialbuch I im königl. archiv zu Nürnberg fol. 386. Jung, Antiquit. Wilzburg pag. 23, Falkenstein, Cod. dipl. Norimb. pag. 86 nr. 86 und wiederholt pag. 90 nr. 90 Lang, Reg. boic. IV, 557. [749]

„ 25 | **(Wilzburg)** | Berthold abt im kloster des heil. Petrus zu Wilzburg stellt dem bischof Reimboto einen reversbrief über obiges aus. Datum Wilzburch 1294 in annunciatione gloriosae virginis Mariae. — Wilzburger kopialbuch I. im königl. archiv zu Nürnberg fol. 406. Jung, Antiquit. Wilzeburg. pag. 27, Falkenstein, Cod. dipl. Eyst. pag. 88 nr. 88. [750]

„ 29 | **Eichstätt** | Bischof Reinboto von Eystett übersendet dem bischof (Konrad V) von Regensburg ein verzeichniss der güter, welche der graf Gebhard von Hirzperg und andere in Fanphstatt als lehen innehaben. Datum Eystet IV kal. (aprilis). — Lang, Reg. boic. IV, 559. [751]

Mai 17 | **„ „** | Bischof Reimboto von Eystet ist mitsiegler in einer urkunde, laut deren Heinrich genannt Dürre und dessen ehefrau Ilik., civen Eystetenses, das auf 1 pfund heller fixirte einkommen von zwei häusern in Eichstett an den dompropst O., den domdechant G. und das ganze domkapitel in der weise verkauften, dass von diesem pfund jährlich am tage nach Mariae verkündigung für den bischof Hiltbrand ein jahrtag gehalten werde. Ausser dem siegel des bischofs befand sich auf der urkunde noch das stadtsiegel und das siegel des Heinrich Durre. Actum et datum Eystet 1294 XVI kal. junii. — Pergamentdiplomatar des Eichst. domkapitels pag. 21a. [752]
<small>In vorstehender urkunde wird zum ersten male ein eigenes stadtsiegel erwähnt (sigillum civium); nochmal wird dasselbe 1291 gebraucht in einem dumdechantischen kaufbrief also die. Zum dritten male kommt es vor am 24. april 1295 in einem kaufbrief des domschulmeisters Otto Sweppermann (sigillum civitatis).</small>

Mai 27 | **„ „** | Bischof Reinboto von Eystet bestätigt den verkauf von zwei kleinen gütern in Habsheim durch seinen bruder Reinboto von Milenhart an das kloster Kaisheim. Datum Eystet VI kal. jun. — Lang, Reg. boic. IV, 662. [753]

Juli 22 | **Wernfels** | Nach dem wunsch und unter vermitlung des bischofs Reimboto von Eystett schenkt der burggraf Konrad der jüngere von Nürnberg zu dem kollegium von säkularpriestern, das er in Spalt stiften und fundiren will, das patronat bei der kirche zu Flachslanden in der diözese Würzburg. Datum et actum in castro Wernfels 1294 XI kal. augusti. — Stein, Cod. dipl. I, 49, Confr. Lang, Reg. boic. IV, 569. [754]
<small>Bischof Mangold gibt dazu seine bestätigung 1294 in die beati Clementis d. i. entweder am 23 nov. oder 4 dec. (Stein I, 50. Reg. boic. IV, 579).</small>

„ 23 | **„ „** | Bischof Reinboto von Eystett genehmigt, dass der burggraf Konrad der jüngere von Nürnberch in übereinstimmung mit seiner gemahlin Agnes das patronatsrecht an den

pfarrkircben zu Spalt, Anrach (Veit-aurach), Ror und Berchtolsdorf auf das neuge-
gründete kanonikatsstift bei der kirche sanctae Mariae in Spalt übertrage. Datum
apud Werdenfels 1294 X kal. augnsti. — Original im königl. reichsarchiv zu München. Stein, Cod. dipl. I, 60. Stillfried, Monum. Zollerana, urkunden der fränkischen
linie nr. 393. Lang, Reg. boic. IV, 569. Haas, Der Rangau und seine grafen
pag. 207. [755]

Es scheint indess, dass damals burggraf Konrad die erwähnten patronatsrechte noch nicht an das
neue stift in Spalt übertragen habe. Vergl. unten 1295 juli 27.

1294
Sept. 1 (.....) Rudolf, propst des klosters Roggenburch, erwählt den bischof Reinboto von Eystett zum
vogt und defensor seines hofes in Chalbensteinberch. Zeugen: Rudiger der ältere
von Dietenhoven und Ludwig von Ibe, milites. Actum et datum kal. september. —
Lang, Reg. boic. IV, 573. [756]

Nov. 9 ..... Bischof Reinboto von Eystett verkauft an das kloster Heiligenthal einen hof in Herg-
1295 rheinfeld (apud Ranvelt in monte). — Lang, Reg. boic. IV, 673. [757]

Jan. 22 (.....) Heinrich von Niwenmuer und dessen oheim ritter Ulrich verzichten auf die schutzvogtei
über einen gewissen theil des Steinbergerforstes, welcher dem bischof von Eystet und
seiner kirche als eigenthum angehört, und erhalten dafür von Reinboto einen anderen
theil dieses forstes als erblehen. Siegler: Heinrich von Niwenmuer und ein oheim
des obigen Ulrich, ebenfalls Ulrich genannt. Datum 1295 XI kal. febr. — Pergamentoriginal im königl. reichsarchiv zu München. Falkenstein, Cod. dipl. Eyst. pag. 97
nr. 100. Popp, Cod. Monac. pag. 52. [758]

März 26 (Wilzburg) Berthold, abt des klosters St. Peter in Wilzburg, und sein konvent überlassen dem bischof von Eistet unter der bedingung entsprechender rekompensation die brüder Kon-
rad und Marquard genannt die Uugefügen nebst drei anderen hörigen leuten, da dieselben näher beim bischof wohnen und von ihm leichter schutz erhalten können.
Actum et datum apud dictum monasterium nostrum 1295 in crastino annunciationis
beatae virginis Mariae. — Pergamentoriginal mit zwei siegeln im königl. reichsarchiv
zu München, hochstift Eichstaedt. Popp, Cod. Monac. pag. 95 und 204. Lang, Reg.
boic. IV, 587. [759]

Mai 7 ..... Mit zustimmung des bischofs Reymboto von Eystett verkauft der ritter Chunrad genannt
Struma (Kropf) von Kipfenberch seinen meierhof in Emoltsheim, der ihm als hochstiftisches lehen übertragen war, durch Friedrich Swarzmaier bewirthschaftet wurde und
jährlich 2 pfund heller sowie 2 metzen waizen und eben so viel haber entrichtete,
an den domscholasticus Otto Swepfermann für die scholasterie, worauf Reimboto diesen hof der genannten scholasterie inkorporirt. Actum et datum 1295 nonis maji. —
Pergamentdiplomatar des Eichst. domkapitels pag. 27a. [760]

Juni 11 (.....) Richter, welche bischof Reinboto von Eistet aufgestellt hatte, sprechen recht in den ir-
rungen zwischen dem kloster Seligenporten und dem hospital von Neumarkt über ge-
wisse, Piunt genannte zehenten und entscheiden zu gunsten des klosters. Actum et
datum sabbato proximo post festum beati Viti. — Lang, Reg. boic. IV, 594. [761]

„ 27 (Graisbach) Graf Berthold von Grayfspach überlässt zwei ihm als eigenthum zugehörige höfe in Fünf-
brunn und alle seine weiteren besitzungen in dem genannten orte (omnia sua homa-
gia seu feoda) gegen entsprechende rekompensation an den bischof Reinbotto von
Eistett. Datum Grayfspach VI kal. aug. — Pergamentoriginal mit siegel im königl.
reichsarchiv zu München, hochstift Eichstaedt. Falkenstein, Cod. dipl. Eyst. pag. 99
nr. 111. Lang, Reg. boic. IV, 597. Popp, Cod. Monac. pag. 100. [762]

„ 28 (Mungenau) Burggraf Konrad von Nürnberg thut kund, dass er mit zustimmung seiner ehefrau Agnes
die stadt Spalt, welche ihm als hochstiftisch Eichstättisches lehen übertragen worden

17

war, und das schloss Sandeskron, das ihm als volles eigenthum zugehörte, an den
bischof Reymbotto von Eystett verkauft habe.   Zeugen: Bruder Marquard von Mes-
zingen, deutschordenskomthur in Nürnberg; Ludowic, komthur in Eschenbach; Konrad
von Pfeffenhausen, domherr in Eichstätt; Ludowic von Seckendorf, Rudger von Dietenhoven, kastellan in Werdenfels, des Rudger bruder Friedrich und Ludewic Iwe,
die letzteren sämmtlich ritter. Actum et datum apud Mungenowe 1295 IV kal. julii. —
Original im königl. reichsarchiv zu München.   Falkenstein, Cod. dipl. Eyst. pag. 98
nr. 110 und Cod. dipl. Norimb. pag. 93 nr. 92.   Stillfried, Monum. Zollerana, urkunden der fränkischen linie nr. 403.   Oetter, Gesch. der burggrafen von Nürnberg,
versuch I pag. 392.   Popp, Cod. Monac. pag. 72.   [763]

Falkenstein hat IV kal. junii statt IV kal. julii.

Desgleichen urkundet bischof Reinbot von Eichstett, dass er mit guter vorbetachtung
seines kapitels und seiner dienstleute von dem burggrafen Konrad von Nürnberg
den marckt Spalt und das schloss Sanutschrono nebst allen zugehörungen um 1000
pfund heller gekauft habe, jedoch so, dass dem Konrad oder seiner gemahlin Agnes
noch eilf jahre lang alle zu Spalt und Sandeskron gehörigen gilten an korn, haber,
pfeningen, gewöhnlicher steuer, käse, ayern oder schweinen verbleiben sollen. „Dieses
gescheft seint gezeugen bruder Heinrich der abt von Halsbrun, bruder Heinrich von
Meckenhausen, bruder Marquard von Messingen der landt-commender, meister Ulrich
der propst von Abenberg, herr Hermann unser (des bischofs) kaplan, Ludewig unser
schreiber, Hannus von Wiettensdorf und Ludwig von Au zwei ritter, und der alte
Katerbeckh von Nürnberg.   Dies geschahe zu Halsbrun da man zält von Christi ge-
burth 1295 jahr" (deutsche übersetzung der urkunde Reimboto's). — Falkenstein,
Cod. dipl. Eyst. pag. 60 nr. 64 und Cod. dipl. Norimb. pag. 93 nr. 93. Schütz, Corp.
hist. Brandenb. abhandl. IV pag. 110.   Oetter, Gesch. der burggrafen von Nürnberg
versuch I pag. 360.   [764]

In seinem Cod. dipl. Eyst. hat Falkenstein das jahr 1277, in seinem Cod. dipl. Norimb. das jahr 1295.
Sollte das letztere jahr richtig sein, so liesse sich aus der nächst vorhergehenden nummer dieser regesten
vielleicht auch der tag annäherungsweise bestimmen.

Aber die im Münchner reichsarchiv aufbewahrte, diesen kauf betreffende urkunde trägt das datum:
1287 märz 23. Auch Popp (vgl. dessen Cod. Mon. pag. 73) lässt in einem Eichstätter kopialbuch im
reichsarchiv zu München die angabe: „liescheben zu Nürnberg, zwelfhundert und siben und nivazich iar
an unser Frauwen klibel tage." Unserer Frauen klibel oder klybern ist aber Mariä verkündigung (25 märz)
vid. Steinbeck, Chronologischer handkalender pag. 91a.   Vergl. noch Monum. Zollerana, urkunden der
fränkischen linie nr. 414.

Bei den zeugen muss es nach Popp statt Ludwig von Au bringen Ludewich von Iwe.

Mit zustimmung des bischofs Reimboto von Eystett schenken der burggraf Chunrad der
jüngere von Nurenberch und dessen gemahlin Agnes dem neuerrichteten kanonikatsstift in Spalt das patronatsrecht an den pfarrkirchen zu Spalt, Itore, Urach (Veits-
aurach) und Berchtholdsdorf.   Datum in castro Werdenvels 1295 XI kal. augusti. —
Stein, Cod. dipl. I, 51.   Lang, Reg. boic. IV, 597.   [765]

Vergl. hiezu oben 1294 jul. 23 und unten 1295 oct. 26.

Der ritter Albert von Emendorf vermacht durch testamentarische verfügung eine hube
in Gundoltingen, welche er von der kirche Eystet als lehen besitzt, sammt zehenten
und sonstigen zugehörungen an die oblai des domkapitels. Bischof R. gibt seine
einwilligung und überträgt dem domkapitel über die erwähnte hube das volle eigenthumsrecht. Datum 1295 V kal. aug. — Pergamentdiplomatar des Eichst. domkapitels pag. 35a.   [766]

Bischof Reimbotto von Eistett stellt für das durch den burggrafen Konrad von Nürnberg

1295 Juli 31	Eichstätt	neu gegründete kollegium von säkularklerikern in Spalt einen brief aus mit statuten und privilegien für dasselbe. Dabei ordnet Reimboto an, das domkapitel solle in zukunft keinen bischof wählen, der nicht die aufrechterhaltung der obenerwähnten satzungen für Spalt beschwört; wird aber vom papste selbst oder von sonst einer höher gestellten macht ein bischof eingesetzt, so soll das domkapitel ihn nicht annehmen, bevor auch er den eid auf die Spalter statuten geleistet hat. Mitsiegler: Der burggraf Konrad, das domkapitel von Eichstaett und der propst Ulrich von Spalt. Datum 1295 IV kal. aug. — Original im königl. reichsarchiv zu München. Kopie im Eichstätter buch im königl. archiv zu Nürnberg fol. 2. Stein, Cod. dipl. IV, 81. Falkenstein, Cod. dipl. Norimb. pag. 91 nr. 91. Johann ab Indagine, Beschreibung der stadt Nürnberg pag. 371. Schütz, Cop. histor. Brandenb. abhandl. IV pag. 161. Cetter, Geschichte der burggrafen von Nürnberg, versuch I pag. 395. Stillfried, Monum. Zollerana, urkunden der fränkischen linie nr. 404, Lang, Reg. boic. IV, 597. [767] gibt die erklärung, dass ihm zwei drittheile von allen neubruchzehenten in der diözesa zugehören und schenkt dann von allen in den pfarreien Mindlingen und Peurfeld schon angelegten oder noch anzulegenden neugereuten diese zwei drittheile an das kloster Heiligenkreuz in Donauwörth, mit der weisung, das kloster solle solche von laien usurpirte zehenten rekuperiren. Actum et datum Eystet 1295 pridie kal. augusti. — Stein, Cod. dipl. I, 53. Eichstätter pastoralbl. VII (1860), 195b. Lang, Reg. boic. IV, 597. Vergl. Königsdorfer, Gesch. des klosters zum heil. Kreuz in Donauwörth I, 96. [768]
„ „	(Donau- wörth)	Chunrad, abt des klosters Heiligenkreuz in Werde, verpflichtet sich, dem bischofe von Eystet als ersatz für die neubruchzehenten in Mündelingen und Burveld jährlich am feste des heiligen Martin 100 käse zu reichen, das stück im werth von 6 hellern. Actum et datum apud Werde 1295 pridie kal. augusti. — Popp, Cod. Monae. pag. 64. Lang, Reg. boic. IV, 597. [768]
Aug. 19	. . . . .	Eichstättische richter und zwar einer genannt Schaupo von Trohendingen, ritter, einer genannt von Zuppelingen beigenannt Molendinator, und Friedrich von Dietenhoven, kastellan in Arberch, sprechen urtheil in den irrungen, welche zwischen dergemeinde Giessbeim und dem kloster Ahausen entstanden waren über das weiderecht, welches das Ahausische gut Selbus am ufer Lankwart ausüben wollte. Actum et datum XIV kal. septembris. — Lang, Reg boic. IV, 601. Popp, Cod. Monae. pag. 382. [770]
Sept. 26	Wernfels	Rudiger der aeltere von Dietenhoven schenkt im einverständniss mit seiner gemahlin Irmgardis und seinen brüdern zwei güter in Rudolfstorf, die ihm als eigenthum angehören und von denen das eine durch einen, genannt Stumphe, das andere aber vom pfarrer bewirthschaftet wird, sodann ein lehen in Kaerlingen, das ebevor der kirche Eystett entfremdet, durch Rudiger aber um 12 pfund heller wieder ausgelöst worden war, an die kirche Eystett für die mensa episcopalis, jedoch unter der bedingung, dass der bischof die genannten güter dem Rudiger und seiner gegenwärtigen ehefrau Irmgardis, jure precario quod vulgo „leibgeding" dicitur, auf lebenszeit überlässt. Actum et datum Werdenfels 1295 IV kal. octobr. — Falkenstein, Cod. dipl. Eyst. pag. 99 nr. 112. Lang, Reg. boic. IV, 603 Popp, Cod. Monae. pag. 106. [771] Falkenstein hat: Actum et datum 1295 kalendas octobris.
„ „	„ „	Bischof Reinboto gibt die genannten güter dem Rudiger als prekario wieder zurück. Datum Werdenels 1295 IV kal. oct. Lang, Reg. boic. IV, 603. [772]
Okt. 26	Eichstätt	genehmigt die schenkung des patronatsrechtes bei den pfarrkirchen in Spalt, Ilore, Aurach und Dettoldsdorf an das neugestiftete kollegium in Spalt durch den burggrafen den jüngeren von Norimberg und inkorporirt überdies diese kirchen dem genannten

17*

		stift ad ausus praebendarum. Jedoch sollen dem dermaligen pfarrer in Berchtolsdorf, Burchard von Seggendorf, alle seine rechte gewahrt bleiben. Datum Eystet 1295 VII kal. novembr. — Original im königl. reichsarchiv in München. Stein, Cod. dipl. I,51. Stillfried, Monum. Zollerana, urkunden der fränkischen linie nr. 407. Lang Reg.
1295 Okt. 29	Eichstätt	boic. IV 605. Haas, der Rangau und seine grafen pag. 207. [773] thut den ausspruch, dass von allen novalzehenten in der diözese zwei drittheile ihm de jure zugehören. Da dieselben aber vielfach von laien usurpirt worden waren, so übergibt er sie zum behuf der rekuperation aus den händen der unberechtigten besitzer seinem domkapitel als volles eigenthum; jedoch solle von dem wirklich wieder erlangten ein drittheil dem jeweiligen bischof zufallen. Actum et datum Eystett 1295 pridie kal. aug. — Pergamentdiplomatur des Eichst. domkapitels pag. 8a abgedr. im Eichst. pastoralbl. VII (1860), 190a. [774]
„ 31	„ „	schenkt und überträgt auf lebensdauer dem magister Ulrich seinem domherrn mit zustimmung des kapitels und gegen eine gewisse geldsumme das dorf Ilinzabel bei Ilrixen und andere besitzungen des hochstifts im gebirg, welche ihm wegen weiter entfernung und feindlicher einfälle seit langem nichts mehr eingetragen haben. Actum et datum 1295 pridie kal. novembris. — Pergamentoriginal im königl. reichsarchiv zu München, hochstift Eichstätt. Popp, Cod. Monac. pag. 201. [775] In einer urkunde von 1272 nov. 9 heisst der obige ort Binzagen, in zwei anderen von 1282 okt. 7 Pinzagen.
Nov. 22	Graisbach	Graf Berthold von Graisbach macht die Sophia von Oettingen, seine ministerialin und eheweib des ritters Ulrich von Mur, sammt ihren kindern zur ministerialin des hochstifts Eystett und zwar wegen der gunstbezeugungen, die sowohl er als sein bruder Gebhard, domherr in Eystett, von der dortigen kirche erfahren haben. Datum Graispach 1295 X kal. aug. — Falkenstein, Cod. dipl. Eyst. pag. 100 nr. 113. Popp, Cod. Monac. pag. 97. [776]
Dez. 22	(. . . . .)	Die brüder Theodorich und Gundelwin genannt Mitezen leisten in die hände des bischofs Reimboto von Eystet verzicht auf einen hof im dorfe „Rvinevelt uffen Berge“ (Borgrheinfeld), der von ihren eltern dem kloster Heiligenthal geschenkt worden war. Zeuge: Wortwin schenk von Mospach. Datum in crastino beati Thomae apostoli. — Lang,
1296 März 7	(Hailsbrunn)	Reg. boic. IV, 607. [777] Unter vermittlung des abtes Heinrich von Halsbrunne, des Marquard von Mezzingen, deutschordenskomthurs in Franken, des bruders Heinrich von Meckenhausen, mönchs in Halsbrunne und des Nürnberger bürgers Katerbeckhe und mit zustimmung seiner ehefrau Agnes (einer geborenen Hohenlohe) verkauft und schenkt der burggraf Konrad der Jüngere von Nürnberg schloss und stadt Abenberg, an denen er volles eigenthumsrecht besass, mit allen zugehörungen als äckern, wäldern, mühlen, gerichtsbarkeit u. s. w, um 4000 pfund heller an den bischof Reimbotto von Eystett. Doch behält er sich vor die mannleben, die ihm bisher dienstpflichtigen leute sowohl ritter als andere, und die lebenslängliche benützung des fischrechts bei Mungenaw and die zwei weiher bei Dortholdsdorff. Für allenfalls später entstehende streitigkeiten über Abenberg erbietet sich burggraf Konrad zur „gewehrschaft“ unter verweisung auf eine eigens hierüber aufgenommene urkunde. Mitsiegler: Graf Ludwig von Oettingen, graf Gebhard von Hirzberg, abt Heinrich von Halspron, ordenskomthur bruder Marquard und die stadt Nürnberg. Zeugen: Arnold von Strazze domherr in Eystett; der obengenannte bruder Heinrich von Mecgenhausen; Hermann von Vestemberg, Ulrich und Heinrich von Mur, Friedrich von Tanne, schenk Heinrich von Arberg, Rudeger von Lietenhoven auf Sandesere, Lodewik von Seegendorf, Heinrich von Witanendorf, Lu-

dewik von Iwe, die brüder Rudeger, Friedrich ond ein zweiter Rudeger von Dietenhoven,
Sifrid von Moernsheim, die letzteren sämmtlich ritter; der oben genannte Kat rbrcke
et alii quam plures. Actum et datum apud monasterium Halsbrunen 1296 nonns marcii. —
Original im königl. reichsarchiv zu München. Falkenstein, Cod. dipl. Eyst. pag. 112
nr. 116 und Cod. dipl. Nurimb. pag. 95 nr. 91, Widerlegung der öffentlichen erklär-
nng wegen der Eichstätti-chen insassen, urkundenbuch pag. 8 (korrekter als bei Falkenstein). (Wölkern), Histor. Noimberg. dipl. pag 196. Stillfried, Monum. Zollerana,
urkunden der fränkischen linie nr. 411, Oetter, Gesch. der burggrafen von Nürnberg,
versuch I pag. 400, Lochner, Nürnberger jahresber. heft II pag. 100. Popp, Cod.
Monac. pag. 72.   [778]

1796   Die stelle, welche vom vorbehalt der mannlehen und dienstpflichtigen leute handelt, ist in einer
März 15 (Eichstätt) von Popp eingeschenen kopie auf eine radirte stelle von späterer hand und mit blässerer tinte eingetragen.

Graf Gehard von Hirzperch vermacht mit zustimmung seiner ehefrau Sophia zur anerkennung für erfahrene gutthaten und zum heile seiner seele die beiden schlösser Hirzperch und Solzpvrch mit allen rechten und zugehörungen, mit den rittern und den
leuten gewöhnlichen standes, mit städten, dörfern, äckern, wäldern, gerichtsbarkeit
u. s. w. durch eine testamentarische verfügung für den fall seines unbeerbten todes
der kirche Eystett pro mensa episcopali, einzig das recht der kastellanie auf Solzpurch
ausgenommen, welches seinem getreuen Goedfrid von Wolfstain verbleiben soll. Zur
genauen durchführung dieser bestimmung verpflichten sich dem bischof durch einen
körperlichen eid die kastellane und zwar für Solzpvrch der genannte God-
frid von Wolfstain, für Hirzperch schenk Heinrich von Hofsleten, Heinrich von Er-
lunshoven, die brüder Chvnrad und Albert genannt von Hirzperch, Heinrich genannt
Altenvelder vogt auf dem schloss, sämmtlich ritter, und Heinrich Taegeno. Sollte jedoch dem grafen ein erbe geboren werden, so gilt diese schenkung nicht. Siegler:
Graf Gebhard von Hirzperch, Goedfrid von Wolfstain und Heinrich von Hofsteten.
Zeugen: Goetfrid von Wolfstain, Hermann von Vestenberg, schenk Heinrich von Hofsteten, Heinrich von Muhr, truchsess Conrad von Sulabach, Conrad Pelzerinn, sämmt-
lich ritter; dechant Rudiger von Tnllenstein; Albert und Rudiger, unsere (des grafen
Gebhard) notare; Heinrich von Absberg et quam plures alii. Actum et datum apud
Eystett in capella sancti Johannis Baptistae 1296 anno Domini millesimo ducentesimo
sexto. — Falkenstein, Cod. dipl. Eyst. pag. 103 nr. 116. Lang. Reg. boic. IV, 615.
Lehen-eigenschaft der schlösser Ober- und Unternulzbürg (erschienen 1764), beilage I.
Popp, Cod. Monac. pag. 59.   Agnela   mccxcvij i3. martij [779]
      Falkenstein und Popp haben nur das jahr 1296. Die fino. hvis. imeu: 4900 id. marcii; das könnte
vielleicht auch besseres: recxte VI id. marcii. Vergl. übrigens nach oben 1291 december 15.

„ „ („ „) Graf Gebhard von Hirzperch gibt durch letztwillige bestimmung die vogtei über die
städte Eichstaett und Berching (super civitate Eystettiensi et oppido Pirchingen) sowie
über verschiedene güter des bischofs und des domkapitels, welche vogtei seinen ahnen
und ihm von der kirche Eichstätt als lehen überlassen worden war, für den fall seines
unbeerbten todes an die kirche und an das domkapitel wieder zurück, aber unter der
bedingung, dass dieselbe weder durch wiederausgebung als lehen noch durch tausch
noch durch verkauf noch sonstwie zum zweiten male aus den händen der kirche kommen dürfe. Zeugen wie in der vorigen nummer. Actum et datum apni Eystet in
capella sancti Johannis Baptistae anno Domini m.cc. nonagesimo sexto ydus marcii. —
Pergamentdiplomatar des Eichst. domkapitels pag. 24b. Falkenstein, Cod. dipl. Eyst.
pag 104 nr. 117. Lang, Reg. boic. IV, 615, Popp, Cod. Monac. pag. 60.   [780]
      Der tag fehlt in der kopie, die Popp vorliegen hatte; die oben wieder gegebenen zahlen des dom-

10

1296		
März 15	Eichstätt	

kapitlischem diplomatare können auch gelesen werden: 1290 sexto idus marcii; die Regesta holen haben bestimmt: 1296

Bischof Reymboto von Eystet, dompropst Otto, domdechant Gozwin und das ganze domkapitel verpflichten sich durch einen körperlichen eid, die vogtei über die städte Eystetten und Peyrchingen sowie über alle anderen besitzungen des bischofs und des domkapitels, wofern dieselbe nach dem tode des grafen Gebhard von Hirzperch an die kirche heimfallen sollte, dem willen des testators gemäss nicht mehr zu verlehnen oder sonstwie zu veräussern. Kein domherr soll fortan in das kapitel aufgenommen und kein bischof gewählt werden, der nicht einen eid auf obige bestimmung ablegt; sendet der papst selbst einen bischof, so soll er nicht zur verwaltung der diözese zugelassen werden, bevor auch er geschworen. Actum et datum Eystet in capella sancti Johannis anno millesimo ducentesimo sexto ydus marcii. Gesiegelt vom bischof und domkapitel. — Pergamentdiplomatar des Eichst. domkapitels pag. 23b.   [781]

Mit genehmigung des bischofs Reymboto von Eystet schenkt graf Gebhard von Hirzperch das patronatsrecht bei der pfarrkirche zu Wetzsteten unbedingt und mit aufhebung aller vogtei, das patronatsrecht dagegen bei den pfarrkirchen in Lentingen, Haunstat und Tutingen nur für den fall seines unbeerbten todes an das domkapitel in Eichstätt „ad usus praebendarum". Am feste des heil. Cyriakus (8 aug.), an welchem jedesmal der jahrestag für des grafen mutter Sophia gehalten wird, sollen Lentingen, Haunstat und Tutingen für immer, Wetzsteten aber, wo das kapitel des grafen lieben notar Rudiger als pfarrer belassen soll, nur für die lebensdauer Rudiger's eine urne wein oder statt desswen 1 pfund heller an das domkapitel geben. Hingegen soll das domkapitel an jedem sonntag nach der vesper ein Placebo und an jedem montag ein seelenamt am kreuzaltar sammt vigil für Gebhard und sein haus conventualiter halten. Zeugen: Gotfrid von Wolfstain, Hermann von Festenberg, schenk Heinrich von Hofsteten, Heinrich von Muer, Chuurad Pelzzerius, truchsess Chunrad von Sultzpach, sämmtlich ritter; dechant Rudiger von Tollenstein, Albert und Rudiger notare des grafen, Heinrich von Absperge et quam plures alii. Actum et datum aput Eystet in capella sancti Johannis Baptistae anno millesimo ducentesimo nonagesimo sexto ydus marcii. — Pergamentdiplomatar des Eichst. domkapitels pag. 25a und 44b. Mödl, Cod. dipl. tom. II bischof Reimboto pag. 45 (darnach die zeugen).   [782]

Bischof Reymboto von Eystet bestätigt die schenkungsweise übertragung des patronatsrechtes bei den pfarrkirchen in Wetzsteten, Lentingen, Haunstat und Tutingen durch den grafen Gebhard von Hirzperch an das domkapitel in Eystet unter den vom donator gemachten bedingungen. Actum et datum Eystet anno millesimo ducentesimo nonagesimo sexto ydus marcii. — Pergamentdiplomatar des Eichst. domkapitels pag. 23a. Lang, Reg. boic. IV, 617.   [783]

| Juni 18 | | |

verspricht dem grafen Gebhard von Hirzperg, die vogtei, welche Gebhard als Eichstättisches lehen über verschiedene güter des domkapitels innegehabt, gänzlich erlöschen zu lassen, wofern dieselbe nach dem tode Gebhard's an die kirche heimfallen würde. Actum et datum 1296 XIV kal. julii. — Lang, Reg. boic. IV, 623.   [784]

trifft die bestimmung, dass die vogtei, welche die grafen von Hirzperch bis jetzt als lehen von der kirche Eystet über verschiedene besitzungen des dortigen domkapitels ausgeübt, gänzlich erlöschen solle, sofern sie nach dem tode des gegenwärtigen grafen Gebhard an die kirche heimfallen würde; dessgleichen sollen dann alle abgaben und leistungen aufhören, welche auf grund des vogteirechts gefordert wurden. Siegler: Der bischof Reimboto, der graf Gebhard und die prälaten der stadt und der diözese.

Actum 1296 XIV kal. julii. — Pergamentdiplomatar des Eichst. domkapitels pag. 14b.

1296 Juni 18	Eichstätt	Lang, Reg. boic. IV, 623. [785] Mit berufung auf die approbation und vollgewalt des bischofs Reymboto bestimmen propst Otto, dechant Gozwin und das ganze domkapitel von Eystet, dass in zukunft kein domherr mehr früher, als ein jahr nach empfang des subdiakonats, und auch da nur, wenn ihn die mehrheit der kapitularen als reif und fähig erkannt hat, könne aufgenommen werden. Ferner wird angeordnet, dass jeder neu eintretende domherr statt jener 6 pfund heller, die seit abschaffung des bischofsspieles bei der aufnahme zur anschaffung von kirchenornaten gefordert worden (vergl. oben 1282 febr. 17), fortan wegen mangels an ornaten das doppelte bezahlen solle. Siegler: Der bischof und das kapitel. Actum et datum 1296 XIV kal. julii. — Pergamentdiplomatar des Eichst. domkapitels pag. 22b. *Vergl. 1282 Febr. 17.* [786]
Aug. 16	.....	Bischof Reimboto inkorporirt dem kloster Ebrach die pfarrei Katzwang. — Lang, Reg. boic. IV, 627. Conf. Brevis notitia monasterii beatae Mariae virginis Ebracensis pag. 39 und Weigand, Gesch. des klosters Ebrach pag. 30. [787] <small>Das patronat in Katzwang erwarb sich Ebrach vom kloster Ellwangen durch kauf am 4 märz 1296 (Ußleber, Nachricht von dem fürstenthum Onolzbach pag. 520).</small> <small>Nach Weigand loc. cit. hätte bischof Reimboto dem kloster Ebrach 1296 noch das patronat in Leerstetten konfirmirt. Vergl. über diesen patronat wieder Ußleber, Onolzbach pag. 550.</small>
Sept. 15	(.....)	Heinrich von Muer und Ulrich, seines seligen vetters Konrad sohn, verkaufen um 25 pfund heller an den deutschordenskomenthur Ludwig zu Eschenbach das holz bei Nesselwiesen zwischen den grenzen ihres und des bischöflich Eichstettischen holzes bis zur landstrasse auf 13 jahre, und wollen binnen dieser zeit von Eichstaett das eigenthum des bodens gewinnen. Im fall, dass dies gelingt, sind den verkäufern noch 9 pfund heller nachzuzahlen. Zeugen: Herr Marquart der dechant von Muer; bruder Heinrich von Gallenbach; bruder Rudeger von Ulm, priester der deutschordenshauses. Gegeben 1296 am vierzehn tage waren vor sante Michaelstag. — Lang, Reg. boic. IV, 627. [788]
Okt. 20	(Rom)	Papst Bonifazius VIII beauftragt den bischof Reimboto von Eichstätt, dass er die zwischen dem Zisterzienserinnenkloster Cimera und dem edlen manne Ulrich von Truhendingen enstandenen irrungen nach vernehmung beider theile zum austrag bringe. Er solle keine berufung gestatten, aber ohne spezielles mandat von Rom keine exkommunikation und kein interdikt verhängen. Datum Romae XIII kal. novembris anno pontificatus secundo. — Pergamentoriginal mit bleisiegel im fürstl. archiv zu Wallerstein. (Lang). Materialien zur Oettingischen geschichte III, 242. [789]
1297 Febr. 3	Eichstätt	Bischof Reimbold übergibt der äbtissin Gertrud von St. Walburg in Eystet zehenten in Rehelingen, Niwewanch, Ratzenhoven und Obernhove, die zuvor Ulrich von Truhendingen innegehabt, aber zurückgegeben hatte. Actum et datum Eystet III nonas febr. — Lang, Reg. boic. IV, 639. [790]
Febr. 11	.....	gründet bei dem neuen stift „von werntlichen chorherrn, der angehaben ist zu Spalt vnd von geprechens wegen gen Abenberg gelegt ward," der besseren regierung wegen ein propstamt, das der magister Ulrich nur vorläufig ausgeübt hatt, und dotirt dasselbe durch die überweisung einer pfründe in Abenberg selbst, durch die inkorporirung der pfarrei Menig (Möning), durch eine von jenen vier pfründen, deren nutzniessung der bischof mit zustimmung des propstes, dechants und kapitels in Herrieden von dem stifte Herrieden auf das stift Abenberg übertrug und zwar durch gerade jene, die magister Ulrich schon zuvor in Herrieden besessen, und endlich durch die schenkung von jährlich 10 pfund heller, welche der bischof bisher selbst von häusern und bauern in Attenvelden bezogen hatte. Siegler: Der bischof und das kapitel. „Geschehen auff

16*

1297 Febr. 0	.....		sand Williboltschor zu Eystet als man zalt nach Christi gepard tawsend zwayhundert vnd in dem siben vnd neünzigsten jaro am dem dritten idus des monats february. — Stein, Cod. dipl. III, 126. Heuslerische sammlung, unter bischof Reimboto. [791] Ein propst Ulrich von Spalt erscheint schon 1295 jul. 20 als milsiegler in einer urkunde des bischofs Reimboto. Vergl. noch die zeugen bei nr. 764 dieser regesten. Diese ursprünglich lateinische urkunde ist nur vorhanden in einem deutschen durch den chorrichter Joh. Drechsel 1136 am Reichsartstag gefertigten Vidimus. Ueber das kanonikatstift in Spalt enthält noch das manuscriptum Knobelianum im Eichstätter ordinariatsarchiv die angabe: „Novum collegiata sancti Nicolai episcopus Reimbotto transtulit in oppidum Arnberg (Abenberg) ann. 1296, sed ejus successor episcopus Conradus hunc iterum transtulit in Spalt ann. 1300." überlässt mit zustimmung seines kapitels den deutschordensbrüdern zu Nürnberg zwei simmern walzen von den neubruchzehenten in Hengesboltz und seinen ganzen zehenten in Swant, erhält aber dafür einen hof in Mittelnescheubach sammt feldern sowie einige güter in Sawrheim. Mitsiegler: Das domkapitel. Zeugen: Magister Ulrich, domscholaster in Eystett; notar Ludwig, kaplan des bischofs; Rüdiger von Dietenhofen; Ludwig von Eyb; Cunrad Katerbecke und Cunrad dessen sohn, bürger von Nürnberg. Datum et actum 1297 proxima ebdomate post purificationem beatae Virginis (also vom 3 bis 9 febr.) — Baader, Urkundenauszüge im 29 jahresbericht des historischen vereins von Mittelfranken pag. 69 (hier die zeugen). Lang, Reg. boic. IV, 639. Lochner, Nürnberger jahresber. heft II pag. 101. Haas, Der Rangau und seine grafen pag. 69. Steinmön [792]
März 25	(Lengenfeld)		Die pfalzgräfin Meihtildis (wittwe Ludgwigs II des Kelheimers und tochter Rudolf's von Habsburg) theilt dem bischof Reinuboto von Eystet mit, dass sie auf dessen requisition durch beeidigte männer wegen der kapelle in Hautsperg untersuchung angestellt und gefunden habe, dass die genannte kaprlle zur pfarrkirche in Ingolstat und mithin zur diözese Eystet gehöre. Datum Lengenvelt 1297 VIII kal. april. — Popp, Cod. Monac. pag. 48. [793]
" "	Nürnberg		Hieher gehört vielleicht, was oben unter nr. 764 dieser regesten angegeben ist. Vergl. dort die anmerk.
Juni 28	Eichstätt		Bischof Reinuboto von Eustet inkorporirt mit zustimmung seines domkapitels dem neugegründeten noch sehr mangelhaft fundirten kollegiatstift in Abenberg das patronatsrecht an der pfarrkirche zu Wiler (in der Würzburger diözese), ita ut ecclesia parochialis in Wiler perpetuis praebendarum suarum usibus debeat applicari. Datum Eystett 1297 IV kal. jul. — Stein, Cod. dipl. I, 52. Lang, Reg. boic. IV, 649 (mit dem datum: kalendis julii). [794] Am 7 mai 1300 inkorporit bischof Manegold von Würzburg die kirche in Wiler ganz dem neugegründeten stift bei der kirche des heil. Jakob in Abenberg (Stein I, 167).
Juli 19	" "		überträgt seinem domkapitel das volle eigenthumsrecht auf mehrere hofstetten innerhalb der stadtmauern von Eichstätt und ausserhalb des thores, das Pachthal genannt wird, mit den dazu gehörigen gärten, sodann mehrere äcker, neubrüche und zehenten auf dem Chugelperch, Mittelperch und Galgenperch, welche gegenstände insgesammt der domherr und bischöflicho notar Albert vom bischof zu lehen erhalten, aber so weit er als blosser lehensträger konnte, an die oblai abgetreten hatte. Actum et datum Eystett 1297 XIV kal. aug. — Pergamentsdiplomatar des Eichstätter domkapitels pag. 22a. [795]
o o	o o		überlässt gegen rückkauf dem schenk Heinrich von Hofstetten einen meierhof in Solzkirchen; denn 20 pfund heller von der gewöhnlichen steuer in Eystet, desgleichen 20 pfund von der steuer in Pirchlag und 10 pfund von den jahreseinkünften in

Fytensheimb. Der ankauf der letzteren drei gegenstände hatte dem schenk Heinrich 500 pfund heller gekostet. — Vergl. eine urkunde von 1297 nov. 27 (aus der zeit des bischofs Konrad II) bei Falkenstein, Cod. dipl. Eyst. pag. 106 nr. 119 und Popp, Cod. Moune. pag. 105.

0 0   0 0   Dompropst Arnold, domdechant Egwin und das ganze domkapitel verpachten 1301 april 14 zwei theile von dem ihnen pleno jure zugehörigen neubruchzehent in den pfarreien Eheuriut und Steinberg. Dabei bemerkt die urkunde, dieser neubruchzehent sei dem kapitel von bischof Reinboto geschenkt worden (Freyberg, Reg. boic V, 63). —

1297   Vielleicht ist damit nur die generelle schenkung von 1295 okt. 29 gemeint?

Aug 27 Eichstätt   Todestag des bischofs Reimboto. Begraben liegt er nach einem Plankstetter manuskript in der mitte des St. Willibaldschors an der seite seines vorgängers (Suttuer, Vitae pontific. Eystett. pag. 7 anm 2).

1297 sept. 20. Die testamentsexekutoren des verstorbenen bischofs Reinboto übergeben der äbtissin Gertrud zu St. Walburg in Eistet einen waldgrund, Tiuffenthal genannt und in der nähe der stadt gelegen, zur rekompensation für einige besitzungen beim Osterholz in der nähe des schlosses Moernsheim. Actum et datum Eystet 1297 XII kal. octobr. — Lang, Reg. boic. IV, 653.   [797]

Corrigenda et addenda:

Pag. 1 zeile 17 lies: Obiit pridie cal. julii ann. 1234 statt 1274

Pag. 6 1235 aug. 21 zeile 3 sq. lies: unter den dreizehn titeln u. s. w. statt kapiteln.

Pag. 9 zeile 5 lies: Gretser, Opera omn. tom. X, 905 statt tom. I.

Pag. 19 1249 sept. 29 zeile 6 lies: Pergamentdiplomatar pag. 21b und 38a statt 216.

Pag. 20 1255 aug. 0 zeile 2 lies: dass zwischen ihm und dem bischof von Eichstätt u. s. w. statt: dass zwischen den beiden bisthöfen.

Pag. 29 1264 april 1. In dieser urkunde nennen die ritter von Weimersberg den bischof Hildebrand von Eichstätt ihren consanguineum.

Pag. 30 1265 okt. 0. In dieser urkunde nennt bischof Hildebrand den Ulrich von Soltapurch seinen consanguineum.

1265 mai 29. Nach dem willen ihres grossvaters eines herrn von Gundelsheim und ihrer mutter M. erklären die brüder Heinrich und Hiltbrand, marsenici von Pappenheim, dass die kinder des Ulrich Brozer, ihres getreuen, und seiner gemahlin Petronissa, welche zur kirche Eichstätt hörig war, theils nach Pappenheim, theils nach Eichstätt dienstpflichtig sein sollen. Die Pappenheimer nennen in dieser urkunde den bischof Hiltebrand ihren consanguineum. Datum et actum 1265 proxima feria tertia post diem Pentecost. — Popp, Cod. Moenac. pag. 76.   [798]

1269 mai 5.   Hiltebrand, bischof von Eystet und kanzler von Mainz, bestätigt dem kloster von Rebdorf die schenkung, welche die brüder Ulrich und Gotfrid von Salzburg demselben mit schenken in Thunhausen gemacht hatten, welche schenken indem die brüder von Holzburg nur als hochstiftlich Eichstättisches lehen besessen hatten. Datum Eystet 1269 III nonas maji, pontificatus nostri anno VIII. — Stein, Cod. dipl. I, 122.   Köhler, Genealog. historie der grafen von Wolfstein pag. 11 sq.   [799]

Pag. 40 1280 febr. 12. Statt dieses datums ist zu setzen: 1283 febr. 17. So hat das Pergamentoriginal im königl. reichsarchiv zu München (St. Klarakloster in Nürnberg); eine kopie im Braunbortenbuch des königl. archivs zu Nürnberg fol. 157; die Monum. Zollerana, urkunden der fränkischen linie nr. 201 und Lang, Reg. boic. IV, 207. Dem falschen datum Falkenstein's folgt Ussermann, Episcopatus Bamberg. cod. probat. pag. 179 nr. 204. Vergl. noch Haas, der Rangau und seine grafen. pag. 208.

Pag. 43 1282 jan. 31 zeile 2 lies: ein steinernes haus in Pfreimten und eine hofstätte u. s. w.

Pag. 44 1282 jan. 31 zeile 139. lies: einee steinernes hauses und einer hofstätte u. s. w.

Pag. 47 1283 märz 7 zeile 3 lies: Hermann von Munrichstatt komenthur u. s. w. Ibid. zeile 13: Marquard von Meissingen komenthur u. s. w.

Pag. 48 1283 aug. 9 zeile 7 lies: Mar. genannt Metzinger komenthur u. s. w.